幼儿教育“岗课赛证融通”微课版系列教材

Safety Care for Young Children

幼儿安全照护

主编　陈卫琴　党　劲　唐春秀

ZHEJIANG UNIVERSITY PRESS
浙江大学出版社
·杭州·

图书在版编目（CIP）数据

幼儿安全照护 / 陈卫琴，党劲，唐春秀主编. — 杭州 : 浙江大学出版社，2023.6
ISBN 978-7-308-23745-1

Ⅰ. ①幼… Ⅱ. ①陈… ②党… ③唐… Ⅲ. ①幼儿园—安全管理—教材 Ⅳ. ①G617

中国国家版本馆CIP数据核字(2023)第076580号

幼儿安全照护
YOUER ANQUAN ZHAOHU
主 编 陈卫琴 党 劲 唐春秀

策划编辑 李 晨
责任编辑 郑成业
责任校对 李 晨
装帧设计 春天书装
出版发行 浙江大学出版社
（杭州市天目山路148号 邮政编码 310007）
（网址：http：//www.zjupress.com）
排 版 杭州林智广告有限公司
印 刷 杭州高腾印务有限公司
开 本 787mm×1092mm 1/16
印 张 12
字 数 188千
版 印 次 2023年6月第1版 2023年6月第1次印刷
书 号 ISBN 978-7-308-23745-1
定 价 49.00元

本书编委会

主　审　柳　伶

主　编　陈卫琴　党　劲　唐春秀

副主编　李小聪　杨　群　施双霜　吴　霞

编　委（按照姓氏拼音排名）

范江兰　高思佳　龚红霞　胡芋伽

姜　丽　蒋　婕　赖　煜　雷春容

黎小宁　李雪妮　李玉婷　马　林

王丽娟　王育恒　肖　霄　叶志萍

易青松　张　盼　张文昕　张杨林

P R E F A C E

前言

安全是人类最基本、最重要的需求。对于幼儿而言，保障其安全更是重中之重。然而，由于幼儿正处于生理和心理发展的初始阶段，不具备基本的自我保护意识和能力，因此，成人对其进行安全照护就显得尤为重要。

在“幼有善育”“幼有优育”的时代背景下，越来越多的幼儿在各种托幼机构中生活和学习，越来越多的家长也意识到让幼儿接受专业的托幼服务能有效促进其健康成长，优质的托幼服务成为社会的普遍需求。

《上海市中等职业学校学前教育（保育员）专业教学标准》《幼儿照护职业技能等级标准（2020 年 1.0 版）》《保育师国家职业技能标准（2021 年版）》《托儿所幼儿园卫生保健工作规范》《幼儿园教师专业标准（试行）》等文件均提出：托幼机构工作者应该掌握幼儿安全照护的基本理论和基本技能。教师的专业素养和能力是优质托幼服务的重要组成部分，而维护幼儿的生命安全和健康则是教师专业素养和能力的基础。这就要求托幼机构工作者系统地掌握幼儿安全照护的基本理论和基本技能。目前，专门针对幼儿安全照护的内容还比较零散，没有系统适用的指导用书。为了提升托幼机构从业者的专业安全意识和能力，满足职业教育多元化培育适应性人才的需求，本书编写组特编写此书。本书编写坚持科学性、实用性、基础性、通俗性的原则，强调贴近教学、服务教学，旨在促进幼儿的健康成长，提升幼儿成长环境的安全性，营造安全成长的氛围，对提高托幼机构教师的专业素质具有十分重要的意义。

本书编写特色如下。

1. 融入课程思政。本书以党的二十大精神为指引，全面贯彻党的教育方针，体现职业教育发展趋势，坚持产教融合和校企双元开发理念，及时将新技术、新工艺、新规范纳入教材内容；落实立德树人根本任务要求，坚持将思政元素融入教材，从专业课知识点中发掘思政元素，实现“课程思政”。

2. 落实“三教”改革。本书打破了传统教材的编写模式，在编写的过程中充分体现了“三教”改革的要求，通过书中的任务情景设计，让学生进行探究式的学习，从而改变了教学方法。从传统的以教师讲述为主转变为以学生自主探究学习为主，本书体现出的教学方法有：任务驱动法、示范教学法、模拟教学法、小组讨论法等。项目中的每个任务都结合了一线托幼机构中真实发生的案例，有助于激发学生的学习兴趣、明确学习目的，通过案例引出问题，让学生带着思考来完成任务目标。

3. 挖掘活页式教材本质属性。按照“以学生为中心、以学习成果为导向、促进自主学习”的思路进行教材开发设计，将“教学材料”的特征和“学习资料”的功能完美结合，通过教材引领，构建深度学习管理体系。将“企业岗位的典型工作任务及工作过程知识”作为教材主体内容，突出如何借助“学习任务”实施职业教育教学，提供丰富、适用、具有引领创新作用的多种类型的立体化、信息化课程资源，实现教材多维功能。

4. 基于工作过程的体例设计。本书每个任务的编写线路为：任务背景—任务目标—任务准备—任务实施（步骤一“技能示范”→步骤二“知识梳理”→步骤三“牛刀小试”→步骤四“任务实施评价”）—思考提升。本书的内容与职业实践及日常生活有关，教学主题是在工作过程中经常遇到的幼儿安全问题，如过敏、叮咬伤、擦伤、鼻出血、烧烫伤等常见急症和意外伤害事故的急救及处理方法。关于“任务实施评价”需要特别说明的是，所给出的评价标准是基于一般情况设定的评价标准，若实际情况不同，也可以稍作调整。“自我评价”和“组内评价”可以参照“评价要素”和“建议评价标准”概括地给出评分，同时建议写出自己的理由。“组内评价”一般由组长主持、组内综合讨论得出，再由组内推选的记录人统一填写。“教师评价”由教师根据课堂观察和实训表现，再结合小组实训结果来给出建议。

5. “岗课赛证”融通。本书结合了“1+X 幼儿照护”职业技能标准，有针对性地融入了保育师国家职业技能鉴定考试的相关理论知识和真题，让学生多维度、全方位理解、掌握幼儿安全照护技能，为未来的职业发展做好准备。

6. 线上线下联动。为了适应现代“信息化教学与课程”的教学改革，响应“互联网 +”教学的要求，根据学生学习的特点和教师教学的特点，重庆市女子职业高级中学党劲和唐春秀带领本校老师和相关企业人员共同录制了 42 节微课供学生自主学习使用。

本书共预设 53 学时，学时分配参考如下：

项目	项目内容	学时	各任务学时建议
项目一	幼儿安全照护概述	4	每个任务 1 学时
项目二	活动中安全隐患的判断与处理	20	任务一 1 学时；任务二 6 学时；任务三 3 学时；任务四 3 学时；任务五 6 学时；任务六 1 学时
项目三	幼儿常见急症救助	6	每个任务 1 学时
项目四	幼儿常见突发事件的应急处理	9	每个任务 1 学时
项目五	幼儿常见意外伤害事故的应急处理及预防	14	每个任务 1 学时
合计		53	

本书由长期从事学校卫生工作、重庆市渝中区中小学卫生保健所副主任医师柳伶担任主审。重庆市渝中区人和街小学附属幼儿园、重庆市女子职业高级中学的骨干教师负责内容编写，其中陈卫琴、党劲、唐春秀统筹并任主编，负责本书整体策划、大纲拟定以及全书修改与统稿；李小聪、杨群、施双霜、吴霞任副主编，负责本书部分内容的撰写，协助主编做审稿工作。其他参编人员具体分工为：项目一的任务一、任务三由高思佳、李小聪编写，任务二、任务四由赖煜编写；项目二的任务一至任务三由张杨林编写，项目二的任务四至任务六由王丽娟编写；项目三的任务一至任

务三由施双霜编写，任务四至任务六由唐春秀编写；项目四的任务一至任务三由范江兰编写，任务四、任务十由胡芋伽编写，任务五至任务七由马林编写，任务八至任务九由肖霄编写；项目五的任务一至任务四由张文昕编写，任务五至任务八由张盼编写，任务九由易青松编写，任务十至任务十三由李雪妮编写，任务十四由姜丽编写；部分任务中还设有“育婴专栏”，由黎小宁、雷春容编写。本书的配套微课、课件、教案在党劲和唐春秀老师的带领下倾力打造，制作团队成员有：党劲、唐春秀、施双霜、王育恒、蒋婕、马林、范江兰、肖霄、李玉婷、胡芋伽、叶志萍、龚红霞、郭禹彤、梁梦丹、彭春梅、杨红霜、何雨珊、黄语谦、黄语欣。另外，本书的编写得到了毕业于重庆医科大学临床医学系、重庆市红十字会急救培训讲师吴霞医生的医学指导；资源的制作得到了重庆市十几所幼儿园的大力支持，他们提供了幼儿园一线的学习素材。在此表示衷心的感谢！

本书不仅能为职业院校幼儿保育专业、婴幼儿托育服务与管理专业、学前教育专业、早期教育专业的学生提供安全照护知识，也可供学前教育研究人员和托幼机构教师以及广大家长阅读参考。

由于编写时间及编写者的水平有限，书中如有疏漏和不足之处还望师生以及同界专家、读者批评指正。

编　者

2023 年 3 月

CONTENTS 目录

项目一

幼儿安全照护概述

随着社会不断发展，越来越多的托幼机构开始涌现，并承担起照护幼儿的部分工作。国家也出台了一系列的法律法规促进幼儿安全照护工作的规范化、科学化。教师与幼儿接触最多，安全照护能力成为其核心素养和能力，这就要求教师明确安全照护的含义、内容、意义、原则、责任以及相关法律知识。

知识目标

1. 理解安全照护的含义及重要意义。
2. 了解幼儿安全照护的相关法律法规。
3. 掌握应对安全事故的规范操作。
4. 了解安全照护的常见误区。
5. 了解安全照护中教师的五大责任。
6. 熟悉幼儿安全事故的归责原则。

技能目标

1. 能用自己的语言介绍安全照护内容。
2. 清楚安全照护中教师的法定义务。
3. 掌握安全照护的基本原则。
4. 理解每个安全照护责任的内涵，并能分辨其异同；能结合具体的案例，分析安全照护的尽责情况。

素质目标

1. 了解安全照护的重要性，树立正确的照护观。
2. 珍爱生命，认识到托幼机构教师职业的重要价值。

任务一　安全照护的含义及重要意义

任务背景

小刚妈妈正在与李老师沟通小刚入托的事情。李老师向小刚妈妈详细介绍了托幼机构的教学环境、设施设备、教学内容、教学方式、师资水平等内容，小刚妈妈听得很认真并问道："你们是怎么保护小朋友的安全的呢？"

同学们，如果你是李老师，你会怎么回答呢？

任务目标

课前预习

1. 掌握安全照护的含义，深入理解安全照护的重要意义。
2. 能灵活介绍安全照护的内容。
3. 了解安全照护的重要性，树立正确的照护观。

任务准备

参观1～2个托幼机构，并了解其针对幼儿安全照护所采取的相关措施。

任务实施

步骤一　技能示范

"任务背景"中小刚妈妈的问题是很多家长都会特别关注的问题。这个问题指向的就是安全照护，你可以按如下四方面为家长介绍。

1. 营造安全的照护环境，建立完备的安全照护制度

托幼机构会为幼儿营造安全的照护环境，及时检查各项设施设备的安全状况，在幼儿容易发生危险的地方设置提示并采取防护措施。托幼机构建立了完备的安全照护制度，成立了专门的安全工作领导小组，分别负责安全检查、值班巡逻、食品卫生、疾病防控、消防安全、交通安全等工作。

2. 提升从业人员的安全照护素养，引导幼儿自我保护

托幼机构教师入职前会有职业道德、心理健康、职业技能、安全照护等方面的专业培训，入职后也会不断提升安全照护素养。教师还会为幼儿提供多样化的安全教育，引导其自我保护；运用多种有效手段，营造良好的教

育氛围，模拟安全实践活动，让幼儿习得保护自己的本领；坚持正面教育，将安全教育贯穿在幼儿一日生活的各个环节，注重开展相关主题教育。

3. 引导家长参与安全照护，家园合力共促幼儿成长

幼儿安全照护工作是一项复杂的、系统的工程，需要家园合力，相互配合、共同关注。在此过程中，家园互通安全知识、共同拟定照护指南，全方位有效开展幼儿安全照护工作，提高幼儿自身的安全保护意识和能力。

4. 接受上级相关部门的指导和监管

托幼机构会严格按照国家的规范和要求做好安全照护工作。教育行政部门、公安机关、卫生部门、建设部门等机构或部门也对托幼机构的安全照护工作进行指导和监管。其中，教育行政部门全面掌握托幼机构的安全工作状况，制订托幼机构安全工作考核目标，对托幼机构安全工作进行检查和指导，督促托幼机构建立健全并落实安全管理制度。

▼ 步骤二　知识梳理

一、安全照护的含义

安全照护指以维护幼儿生命安全和健康为宗旨，照护者通过环境创设、人员配备、制度建设等措施来确保幼儿处于安全、健康的学习和生活环境中；并在幼儿一日活动中利用多种多样的方式渗透安全教育，发展幼儿的自我保护意识和能力；当幼儿发生安全伤害事故时第一时间采取科学的应急处理方式，最大限度地减少幼儿受到的伤害。

二、安全照护的内容

根据安全照护的含义，结合托幼机构的具体情况，安全照护在总体上分为两个方面：一是安全隐患的识别与处理；二是安全事故发生后的应急处理。为了便于理解，本书将安全事故分为三大类：急症、突发事件和意外伤害。因此，安全照护的内容包括以下四个方面。

（一）日常活动安全照护

托幼机构中一日生活的各环节难免存在一定的安全隐患。教师应能够敏锐察觉日常活动中的安全隐患，并进行正确的判断和快速处理，还需要抓住契机培养幼儿自我保护意识与能力，最大限度地保障幼儿的安全和日常活动的有序进行。日常活动安全照护具体包括生活活动、游戏活动、学习

活动、体育活动、大型集体活动中的安全照护等。

（二）急症救助安全照护

急症救助是托幼机构工作人员对受伤或突然患病的幼儿实施紧急救助的活动。急症救助往往可以在第一时间挽救幼儿的生命。教师应当熟练掌握常见急症可操作的实用性救助方法，如针对呼吸困难、惊厥等急症的处理。

（三）突发事件安全照护

突发事件是指突然发生的，造成或者可能造成严重社会危害的，需要采取应急处置措施予以应对的自然灾害、事故灾难、公共卫生事件和社会安全事件。在突发事件中教师应冷静面对，有序开展应急处理工作。

（四）意外伤害安全照护

意外伤害是指因意外导致身体受到伤害。幼儿是意外伤害的高发群体。教师应提高警惕、科学预防、正确处理，将伤害降至最低。常见意外伤害有擦伤、皮下血肿、人咬伤、割伤、鼻出血、错服药、异物入体、脱臼、烧烫伤、窒息、溺水等。

三、安全照护的意义

明晰了幼儿安全照护的含义和内容，紧接着我们需要思考为什么要对幼儿实施安全照护，即幼儿安全照护有哪些意义。

（一）安全照护能切实保障幼儿的生命安全和健康

幼儿的身体较为柔弱、抵抗力差，容易感染各类疾病，且缺乏自我保护意识和能力，容易发生安全事故，需要得到充分的安全照护。充分的安全照护能切实维护幼儿的生命安全与健康，发展幼儿的自我保护意识和能力，为幼儿的全面发展奠定基础，对幼儿生命的高质量延续意义重大。在 0 ～ 1 岁，为婴儿提供安全、可依赖的环境，让婴儿感觉到爱，能够发展其信任感。1 ～ 3 岁，幼儿处在学步阶段，如果为其提供一个安全且具有支持性的环境，就会鼓励幼儿自主探索周围环境。3 ～ 6 岁，幼儿处于学龄前阶段，为其提供一个安全、具有支持性且自主的环境，有助于幼儿养成良好的生活习惯、学习习惯，建立初步的自尊与自信。

（二）安全照护能力是教师核心的工作素养和能力

幼儿进入托幼机构，教师成为托幼机构中幼儿安全照护的第一责任人，应遵循幼儿优先的原则，尽可能地保护幼儿，确保他们的安全和健康。这是教师开展一切工作的基础。安全照护能力是教师核心的工作素养和能力。教师应为幼儿创设安全的活动环境，营造安全且轻松的活动氛围，结合实际对其进行安全教育，使幼儿具备基本的安全知识和自我保护能力。

（三）安全照护是托幼机构必须履行的职责

生命权是幼儿最首要的权利。幼儿进入托幼机构后，生命继续受到特殊保护，国家相关法律法规分别从食品安全、传染病防治、卫生保健工作、安全管理等方面明确了规范要求，托幼机构必须严格按照规范要求维护好幼儿的安全和健康。例如，《幼儿园管理条例》中明确规定：幼儿园的园舍和设施必须符合国家的卫生标准和安全标准；幼儿园应当建立安全防护制度，严禁在幼儿园内设置威胁幼儿安全的危险建筑物和设施，严禁使用有毒、有害物质制作教具、玩具。

▼ 步骤三　牛刀小试

实训活动 小组情景演练

1. 班级学生以 6 人为一小组，在参观托幼机构后，其中 2 人扮演托幼机构教师，2 人扮演家长，2 人做好观察记录。具体情景如下：

情景一：当家长第一次走进托幼机构，作为教师，你会怎样向家长介绍托幼机构所采取的安全照护措施？

情景二：家长来到托幼机构的活动室，想与教师交流一下幼儿安全照护的重要意义。

2. 小组角色扮演结束后组内进行讨论、总结，组内轮换角色再次扮演、讨论、总结，并将实训过程记录在表 1-1-1 中。

表 1-1-1　实训活动记录表

小组序号		小组名称		组长	
小组成员及分工					
小组实训演练总结 1（记录提出的问题和相应的回答）					

续表

小组实训演练总结 2（记录提出的问题和相应的回答）	

▼ 步骤四　任务实施评价

所有小组均要对本组和其他小组的演练进行讨论评价，并记录在表 1-1-2 中。

表 1-1-2　任务评价表

实训内容	评价要素	建议评价标准
安全照护情景演练	（1）能紧扣家长提问，灵活介绍安全照护的相关内容 （2）在与“家长”的互动中，能自然、流畅地介绍安全照护的重要意义 （3）观察记录客观清晰，讨论和总结时敢于表达自己的观点，提出自己的问题	全部正确（7 ~ 10 分） 2 点正确（4 ~ 6 分） 1 点正确（1 ~ 3 分）
自我评价及评分：		
组内评价及评分：		
教师评价及评分：		
综合评分：自我评分（20%）+ 组内评分（30%）+ 教师评分（50%）=		

思考提升

判断题：

1. 安全照护以维护幼儿生命安全和健康为宗旨，重视运用科学的应急处理办法，并渗透安全教育。（　　）

2. 安全照护的内容可以从四个方面来理解，即日常活动安全照护、急症救助安全照护、突发事件安全照护、意外伤害安全照护。（　　）

3. 安全照护非常重要，它不仅是托幼机构必须履行的职责，还是幼儿生命安全和健康的保障。（　　）

4. 安全照护非常重要，安全照护能力也是教师核心的工作素养和能力。（　　）

任务二 幼儿安全照护中的法律问题

任务背景

放学前，老师对同学们进行了“上下楼梯不推拉”等安全提醒，但在放学下楼梯时，仔仔将悠悠推倒在地，老师连忙将悠悠扶起。检查悠悠确认无大碍后，老师对仔仔进行了教育，还将此事告诉了双方的家长，提醒悠悠家长注意观察悠悠状态。当晚，悠悠左手指感觉疼痛，父母将其带到医院检查，发现悠悠小指骨折。事后，悠悠父母找到托幼机构，希望得到赔偿，但多次协商未果，于是将托幼机构和仔仔父母告上了法庭，要求赔偿悠悠的住院医疗费和悠悠父母的陪护误工费。

同学们，你认为谁应对此承担法律责任呢？为什么？

任务目标

1. 了解幼儿安全照护相关法律法规。
2. 清楚安全照护中教师的法定义务。
3. 熟悉幼儿安全事故的归责原则。
4. 掌握应对安全事故的法律操作规范。
5. 具有良好的法律意识，能够学法、懂法、守法。

课前预习

任务准备

收集涉及幼儿安全照护中法律问题的相关案例。

任务实施

▼ 步骤一 技能示范

法院针对案件展开了一系列的调查、取证后，对案件判决如下。

（1）悠悠的伤害完全是由仔仔将其推倒造成的。由于仔仔年仅4岁，不具备民事责任能力，因此由仔仔的监护人即其父母承担民事责任。

法律依据为《中华人民共和国民法典》第一千一百八十八条：“无民事行为能力人、限制民事行为能力人造成他人损害的，由监护人承担侵权责任。监护人尽到监护职责的，可以减轻其侵权责任。有财产的无民事行为能力人、限制民事行为能力人造成他人损害的，从本人财产中支付赔偿费用；不足部分，由监护人赔偿。”托幼机构中的幼儿属于无行为能力人，故意或过失行为造成他人损害的则由其监护人承担民事责任，这属于无过错责任。

（2）尽管悠悠的伤害是在托幼机构发生的，但教师根本无法预料到悠悠会被推倒，且事前有提醒幼儿上下楼梯注意安全，事后也及时处理并教育了仔仔，尽到了教育职责。因此托幼机构无安全过错，不应承担民事责任。

《中华人民共和国民法典》第一百八十条规定：“因不可抗力不能履行民事义务的，不承担民事责任。法律另有规定的，依照其规定。不可抗力是不能预见、不能避免且不能克服的客观情况。”悠悠被推倒，教师无法提前预料，属不可抗力。《中华人民共和国民法典》第一千一百九十九条规定：“无民事行为能力人在幼儿园、学校或者其他教育机构学习、生活期间受到人身损害的，幼儿园、学校或者其他教育机构应当承担侵权责任；但是，能够证明尽到教育、管理职责的，不承担侵权责任。”教师有提醒学生并且事后及时处理，履行了教育职责。此外，《中华人民共和国民法典》第一千二百零一条规定：“无民事行为能力人或者限制民事行为能力人在幼儿园、学校或者其他教育机构学习、生活期间，受到幼儿园、学校或者其他教育机构以外的第三人人身损害的，由第三人承担侵权责任。”故这次事故由仔仔监护人或父母承担民事责任，托幼机构不承担民事法律责任。

▼ 步骤二　知识梳理

我国目前还没有专门出台关于幼儿安全照护的法律法规。与幼儿安全照护有关的法律法规主要有以下几种：《学生伤害事故处理办法》《幼儿园教育指导纲要（试行）》《中小学幼儿园安全管理办法》《中华人民共和国教育法》《中华人民共和国未成年人保护法》《中华人民共和国食品卫生法》《中华人民共和国民法典》等。

一、教师的安全照护义务

托幼机构对入托幼儿要履行教育义务和保护义务。托幼机构教师的义务主要表现在以下六个方面。

1. 有序组织教育教学活动

教师除必须按照《幼儿园工作规程》和托幼机构制定的规章制度教育幼

儿外，还需要履行事先提醒及指导监督的义务。

2. 外出活动注意和保护义务

托幼机构应高度重视幼儿的集体活动，教师应当预防幼儿在活动时发生人身安全事故。

3. 随时关注幼儿的健康状况

教师应提高警惕，防患于未然，时刻关注幼儿的心理和身体健康情况，并及时与家长交流，了解幼儿在家情况。

4. 定期排查托幼机构安全隐患，提供安全卫生的生活与学习环境

教师有义务在发现托幼机构内的设施设备出现问题以及有安全隐患时第一时间通知相应负责人，并示意负责人及时整改，引导幼儿远离危险设施设备，避免幼儿在危险的环境中活动。

5. 不得体罚和变相体罚幼儿

教师不能体罚或变相体罚幼儿，不能使用刺激的语言伤害幼儿的自尊心。

6. 安全事故发生后进行正确处理

幼儿在托幼机构发生事故后，教师应迅速对幼儿进行急救，在做好应急处理的同时，保护现场并通知其监护人，告知情况。

二、安全事故处理须知

当幼儿发生安全事故后，教师具体应该怎样处理呢？

（1）应停止一切活动，并将其他幼儿委托给相关人员进行照护。

（2）第一时间对发生安全事故的幼儿进行必要的救治，并立即联系相关人员将幼儿以正确的方式送至医院，切忌造成二次伤害。

（3）如幼儿受到伤害，在急救的同时，应及时主动告知幼儿的监护人。

（4）保护好现场，并通知托幼机构相关负责人。

三、安全事故处理误区

（1）有些托幼机构在安全事故发生后为了维持教学秩序，便撤走现场物品，这种做法是不对的。撤走现场物品会使自己失去相应的证据，在诉讼中无法保障自己的合法权益。保护现场可为案件的审理提供客观依据。

（2）有些教师怕家长知道发生了安全事故，选择故意隐瞒，未在第一时间将实情告知家长，而是自行处理，这是不对的。监护人享有知情权，从过错责任来看，如果教师或托幼机构隐瞒了事实，就会侵害家长的知情权。

在这种情况下，教师及托幼机构应承担相应的损害赔偿责任。

四、幼儿安全事故的归责原则

《中华人民共和国未成年人保护法》规定，幼儿照护服务机构为密切接触未成年人的单位，应根据不同年龄阶段未成年人的成长特点和规律，做好未成年人保护工作。托幼机构与幼儿之间的关系是基于教育而产生的，是一种教育与被教育的关系，而不是监护与被监护的关系。因此，托幼机构里的教师不是幼儿在园期间的监护人，只有教育、管理、保护幼儿的义务。托幼机构安全事故的责任赔偿应遵循以下几个基本原则。

1. 过错责任原则

《中华人民共和国民法典》第一千一百六十五条规定："行为人因过错侵害他人民事权益造成损害的，应当承担侵权责任。"依照法律规定推定行为人有过错，其不能证明自己没有过错的，应当承担侵权责任。过错责任原则是托幼机构承担民事赔偿责任的基本原则。

2. 过错推定责任原则

过错推定，也叫过失推定。过错推定责任原则指在受害人能证明违法行为与损害事实之间因果关系的情况下，如果加害人不能证明损害的发生自己无过错，那么就从损害事实的本身推定加害人在致人损害、致物损失的行为中有过错，并为此承担赔偿责任。

3. 无过错责任原则

这一原则仅适用于法律有特别规定的情况，非同于普通的归责原则。在执行这一原则时，主要不是根据加害人的过错，而是根据损害的客观存在、行为人的活动以及行为人所管理的人或物的危险性质与所造成的损害后果的因果关系，而特别加重其责任，所以它也被称为"客观责任"或"危险责任"。《中华人民共和国民法典》第一千一百八十八条规定："无民事行为能力人、限制民事行为能力人造成他人损害的，由监护人承担侵权责任。"

▼ 步骤三　牛刀小试

实训活动 案例收集与分析

1. 找一找：课前分组，收集相关的幼儿安全事故案例。

2. 说一说：课上小组讨论，分享案例和结论。

3. 列一列：将相应的案例名称根据不同归责原则分别记录在表 1-2-1 中。

表 1-2-1　幼儿安全事故案例记录表

过错责任原则	过错推定责任原则	无过错责任原则

▼ 步骤四　任务实施评价

所有小组均要对本组和其他小组的案例进行讨论评价，并记录在表 1-2-2 中。

表 1-2-2　任务评价表

实训内容	评价要素	建议评价标准
幼儿安全照护中的法律问题	（1）能熟记教师应尽的法律义务 （2）熟悉我国的相关法律法规 （3）了解安全事故归责原则的具体概念 （4）熟记安全事故归责原则 （5）能根据案例分辨具体事故中采取的归责原则 （6）掌握应对安全事故的法律规范操作 （7）树立正确的法律意识，塑造良好的师德	全部正确（8 ~ 10 分） 4 ~ 5 点正确（6 ~ 8 分） 2 ~ 3 点正确（3 ~ 5 分） 1 点及以下正确（0 ~ 2 分）
自我评价及评分：		
组内评价及评分：		
教师评价及评分：		
综合评分：自我评分（20%）+ 组内评分（30%）+ 教师评分（50%）=		

思考提升

判断题：

1. 丁丁在托幼机构被当当推倒，导致手部出现明显的骨折症状。教师将丁丁扶起，将其送去医务室进行简单包扎，然后立即将其送往医院，并通知丁丁家长赶来。该事故中托幼机构负全责，当当无民事能力，因此毫无责任。（　　）

2. 教师在幼儿发生安全事故时，应第一时间对幼儿进行必要的救治。同时，为稳定和维持教学秩序，应撤走现场物品。（　　）

3. 幼儿安全事故的归责原则包括：无过错责任原则、过错推定责任原则、过错责任原则。（　　）

任务三 幼儿安全照护应遵循的基本原则

任务背景

课上，刘老师分享了一则案例：游戏活动中佑佑突然鼻出血，如果你是带班教师，你会怎么做？这个案例引发了同学们的热烈讨论。小赵说："马上让佑佑停止游戏，安静休息一会儿。"小钱说："鼓励佑佑多喝点水。"小孙说："让全班小朋友想一想鼻出血该怎么办，为什么会鼻出血。"小李说："我会向保健医生求助，学会鼻出血的应急处理办法。"

你觉得他们说得对吗？这些做法体现了幼儿安全照护的哪些原则？

任务目标

1. 掌握安全照护的基本原则。
2. 了解安全照护的常见误区。
3. 广泛利用各种渠道收集与幼儿安全照护相关的案例。

课前预习

任务准备

收集幼儿安全照护的相关案例。

任务实施

▼ 步骤一 技能示范

面对佑佑鼻出血的情况，同学们提出的做法都有一定道理。

小赵"马上让佑佑停止游戏，安静休息一会儿"的做法是正确的，体现了"生命第一，以幼儿为本"的安全照护原则。鼻出血是身体出现异常的一种显性标志，此时教师需要马上对幼儿给予关注并科学处理此事件，让佑佑停止游戏、休息片刻是首要选择。

小钱"鼓励佑佑多喝点水"的做法是正确的，体现了"安全为先，预防为主"的安全照护原则。诱发幼儿鼻出血的常见原因包括气候干燥、抠鼻孔、外力撞击等。多喝水可以有效预防气候变干等引发的幼儿身体上火，降低鼻出血的概率。鼓励佑佑多喝水能够预防鼻出血的再次发生。

1-3-1

小孙“让全班小朋友想一想鼻出血了该怎么办，为什么会鼻出血”的做法是正确的，体现了“主动引导，保教并重”的安全照护原则。当鼻出血事件发生后，教师应抓住教育契机，引导幼儿思考、讨论“我该怎么做”“为什么会发生”“怎样避免再次发生”等问题，培养幼儿的自我保护意识与能力。

小李“向保健医生求助，学会鼻出血的应急处理办法”的做法是正确的，体现了“科学应对，果断处理”的安全照护原则。教师应掌握科学的应急处理办法，一旦发生安全事故应果断处理，减轻幼儿的痛苦，避免造成二次伤害。

▼ 步骤二　知识梳理

一、幼儿安全照护的原则

（一）生命第一，以幼儿为本

托幼机构必须把保护幼儿的生命和促进幼儿的健康放在工作的首位，坚持生命第一。在实施安全照护时，尊重幼儿的身心发展规律，让幼儿成为教师采取一切行动的出发点。无论是在日常活动中，还是在遭遇急症、突发事件、意外伤害事故等紧急情况时，都应最大限度地保障幼儿的生命安全。

（二）安全为先，预防为主

安全是教师开展每一项活动时必须优先考虑和优先保障的。为了达到保障安全的目的，预防是有效手段。预防可以大大降低危险发生的概率，且有所预防也能将危险一旦发生所造成的伤害控制在最小范围。预防不仅包括环境上的安全保障，还包括身体上和心理上的安全准备，如锻炼身体、均衡营养、缓解焦虑等。

（三）主动引导，保教并重

幼儿的自我保护意识较弱，而他们的自我保护能力难以保障其自身安全，需要成人悉心地照顾和积极主动地保护。同时，幼儿是正在成长的、具有学习能力的生命个体，他们可以学会一些简单的自我保护本领。因此，教师还需要在安全保护的基础上对幼儿开展安全教育，一方面，可以通过主题活动、模拟演习等专门的活动来开展；另一方面，应充分运用一日生活中的常规活动、游戏活动等渗透安全教育，让幼儿在真实的生活中学习、辨别和应对可能的危险，逐渐培养自我保护的意识与能力。

（四）科学应对，果断处理

当安全事故等紧急事件发生时，教师应沉着冷静。不同的紧急事件有不同的科学应对措施，教师应按照科学的程序逐步规范执行。紧急事件一般事发突然，留给教师反应的时间很短。教师需要在平时有意学习、注意积累相关知识，并熟练掌握相应技能，以便第一时间将其转化为救助行为。

二、幼儿安全照护的误区

（一）为确保安全，取消有意义的活动

误区：为了保障幼儿的安全而限制幼儿参与户外活动或者大型集会活动。幼儿发展尚未成熟，的确需要成人的精心呵护和悉心照料，但不宜过度保护，如取消一些幼儿活动，容易导致幼儿身心发展受限。面对有一定挑战性的活动，教师可以在活动前排查消除安全隐患，并提醒幼儿在活动中注意自我保护，不断积累安全活动的经验。

（二）为确保安全，降低幼儿发展标准

误区：为了保障幼儿的安全而忽视幼儿身心的全面发展，片面强调智育、德育、美育等，降低幼儿的发展标准。殊不知只有幼儿时期适宜、全面的学习与发展，才能为后续学习与终身发展奠定良好基础。幼儿的发展本就是一个整体，良好的身体、强健的体魄、协调的动作能更好地促进幼儿的学习，实现高质量发展。

（三）为确保安全，重“填鸭式”教学、轻体验实践

误区：为了保障幼儿的安全而在活动中包办代替，忽略幼儿自身的动手实践。教师的“填鸭式”教学减少了活动中的人员流动，但也使得师幼关系紧张，学习效果大打折扣，甚至造成恶性循环。幼儿的学习是以直接经验为基础的，且游戏是幼儿学习的重要方式。教师应创设丰富的教育环境，最大限度地支持幼儿进行直接感知、实际操作和亲身体验。

▼ 步骤三　牛刀小试

实训活动 案例收集与分析

请收集能够体现幼儿安全照护不同原则的案例，并填写表 1-3-1。

1-3-3

表 1-3-1 实训活动记录表

小组序号		小组名称		组长	
小组成员及分工					
案例记录（描述、分析、分类）					
小组总结（记录案例分析、遇到的难题、如何解决、收获等）					

▼ 步骤四 任务实施评价

所有小组均要对本组和其他小组的案例进行讨论评价，并记录在表 1-3-2 中。

表 1-3-2 任务评价表

实训内容	评价要素	建议评价标准
幼儿安全照护的原则	（1）所收集的案例能够体现幼儿安全照护的原则 （2）能对收集的案例进行正确的分析、比较与分类 （3）在对案例进行分类和分析的基础上，进一步思考安全照护中容易出现的误区，树立“生命第一”的观念	全部正确（7 ~ 10 分） 2 点正确（4 ~ 6 分） 1 点正确（1 ~ 3 分）
自我评价及评分：		
组内评价及评分：		
教师评价及评分：		
综合评分：自我评分（20%）+ 组内评分（30%）+ 教师评分（50%）=		

思考提升

判断题：

1. 安全照护应遵循“生命第一，以幼儿为本”“主动引导，保教并重”等基本原则。（ ）

2. 为了保护幼儿的安全，教师阻止幼儿参与户外体育活动的做法是错误的。（ ）

3. 托幼机构必须把保护幼儿的生命安全和促进幼儿的健康放在工作的首位。（ ）

任务四　幼儿安全照护的责任

任务背景

课间休息时，文文和几个同学在一起讨论。文文说教师的安全告知责任和安全告诫责任差不多，应该融合为一个责任。晶晶说安全告诫责任不同于安全告知责任，静静也同意晶晶的说法，大家在一起争辩起来。

你认为安全告知责任和安全告诫责任有区别吗？具体区别在哪里呢？

任务目标

1. 掌握安全照护中教师的五大责任。
2. 理解每个责任的含义，并能分辨其异同。
3. 能结合具体的案例，分析教师尽责情况。
4. 主动维护幼儿的安全和健康，有强烈的教师职业责任感。

课前预习

任务准备

收集幼儿安全照护责任的相关案例。

任务实施

步骤一　技能示范

安全告诫责任和安全告知责任有以下三个区别。

1. 字面含义不同

告诫的含义以警告劝诫为主，而告知是指向别人讲述事实或通知某件事情，目的是使人知道。

2. 职责所属不同

安全告知主要是指班级活动中的安全提醒、周围环境的安全隐患告知、幼儿情况的告知、班级情况的告知等。安全告诫主要是指对幼儿的危险行为或潜在的危险行为进行告诫、制止、纠正。

3. 责任对象不同

安全告诫的对象主要是幼儿；安全告知的对象不仅是幼儿，还有托幼机构、家长等。

◎小贴士

安全教育与安全告诫和安全告知有什么关系？

广义的安全教育包括安全告诫与安全告知，是幼儿在托幼机构安全知识的重要来源。安全教育是让幼儿在掌握基本安全知识的同时了解如何正确地防范危险、自护自救。安全告诫和安全告知单指安全教育的某一个方面，安全教育则贯穿起了所有安全知识。

▼ 步骤二　知识梳理

教师在安全照护中应承担哪些责任？

一、安全教育责任

安全教育责任即教师应保障幼儿人身安全，促进幼儿心理健康发展，引导幼儿形成安全意识并学会安全防范与自我保护的基本方法。

托幼机构教师除对幼儿进行基本的教育外，还要进行安全教育和自护自救教育，让幼儿树立“安全第一”的观念，掌握基本的安全防范、安全自护和安全自救的知识与技能，如消防安全、人身安全、饮食卫生安全等。

在安全教育方面，教师要帮助幼儿树立正确的价值观，让幼儿正确地认识安全，同时也要告知和引导幼儿科学处理安全问题。教师一定要告知幼儿活动中的安全问题、安全隐患等，并及时和家长沟通。在幼儿面临一些安全问题时教师也要给出警告和劝诫，让幼儿能远离危险。

二、安全告知责任

安全告知责任即教师应以适当、有效的方式对幼儿及其监护人、托幼机构等相关方进行讲解，使其了解幼儿一日生活活动的特点和安全事故的预防及应急处理措施，降低或消除危害。

安全告知责任具体涵盖以下四个方面。

（1）教师告知幼儿各类活动中应注意的安全问题，如早操活动中的安全防护等。

（2）教师告知幼儿托幼机构及周边环境设施设备中存在的安全隐患，并告知其正确规避的方法。

（3）教师告知家长幼儿在托幼机构的相关情况，如发生的意外伤害事故等。

（4）教师告知托幼机构负责人托幼机构内存在的安全隐患、发生的安全事故等。

三、安全告诫责任

安全告诫责任即教师应对幼儿的危险行为或潜在的危险行为进行告诫、制止、纠正。

教师应加强幼儿安全意识的培养，规范幼儿的日常行为，保护幼儿的合法权益，把安全作为班级管理工作的重要内容。例如：小明和小红拿着剪刀在教室里追跑。这个时候教师就应该对幼儿进行安全告诫，让其了解拿着剪刀追跑的危险性，督促其改正此行为。

四、安全防范责任

安全防范责任即教师应对幼儿一日生活活动以及教育教学过程中可能出现的安全问题进行防范。例如，对传染病、流行病的防范，可预见的活动中的安全隐患排除等。进行安全防范可以完善保险制度，减轻家长与托幼机构双方的负担。

五、安全救护责任

安全救护责任即教师应在幼儿发生安全事故时进行必要的救助保护，使幼儿得到适时的救治。

当幼儿发生安全事故时，除了按程序、制度及时上报外，教师还要在力所能及的范围内对幼儿进行救助，并采取有力的措施防止事态的扩大，将伤害降到最低。这就需要教师掌握基本的急救知识，能做出基本的诊断和正确的救治工作，让幼儿在第一时间得到有效的救助。教师在进行安全救护时必须要注意环境安全并做好自我防护，同时还要与家长及时沟通。

▼ 步骤三　牛刀小试

实训活动 案例分析

午餐后，小朋友们在走廊玩游戏过程中，丁丁和文文想比一比谁的力气更大、谁能将玩具抛得更远。于是两人便轮流向楼下抛玩具。老师及时发现并制止了两人的行为，告诫他们此做法会产生的危险后果并告知他们玩具正确的玩耍方法。周五，在每周一次的安全教育活动中，老师结合丁丁和文文之前的行为，在班级开展了一次高空抛物的安全教育主题活动。

1. 分小组讨论，教师在安全照护中尽到了哪些责任？

2. 为了更好地履行安全照护责任，教师还可以怎么做？

▼ 步骤四　任务实施评价

所有小组均要对本组和其他小组的案例分析进行讨论评价，并记录在表1–4–1中。

表1–4–1　任务评价表

实训内容	评价要素	建议评价标准
幼儿安全照护中的责任	（1）了解幼儿安全照护中教师的五大责任 （2）明确教师安全照护责任对应的做法 （3）着重分清安全告诫责任与安全告知责任的区别 （4）能根据案例，判断教师尽责的情况 （5）能捋清各项责任的关系 （6）学会履行教师安全照护的五大责任	全部正确（8 ~ 10 分） 4 ~ 5 点正确（6 ~ 8 分） 2 ~ 3 点正确（3 ~ 5 分） 1 点及以下正确（0 ~ 2 分）
自我评价及评分：		
组内评价及评分：		
教师评价及评分：		
综合评分：自我评分（20%）+ 组内评分（30%）+ 教师评分（50%）=		

思考提升

判断题：

1. 教师可以在全体幼儿睡着的情况下自行休息，并在幼儿醒来后返回寝室。（　　）

2. 当幼儿在托幼机构摔了一跤，如果教师肉眼观察幼儿身体后认为并无大碍，可不用告诉幼儿家长。（　　）

3. 教师的安全照护责任包括：安全教育责任、安全告诫责任、安全告知责任、安全防范责任、安全救护责任。（　　）

项目二

活动中安全隐患的判断与处理

由于幼儿对危险因素的防范意识不强，常常在好奇心的驱使下做一些危险的动作或事情，因此教师就要思考在前、行动在前，提前排查活动场地存在的安全隐患、活动中可能存在的安全隐患，并采取有针对性的措施来消除安全隐患。同时，教师还要做好安全教育，增强幼儿的自我保护意识和能力。总之，保护幼儿安全最重要的是做好预防工作，尽可能让幼儿免于安全事故的伤害。

知识目标

1. 了解幼儿在托幼机构的各项活动中面临的安全隐患。
2. 知道对于不同类型活动中的安全隐患要采取不同的排查措施。

能力目标

1. 能觉察并预判各项活动中的安全隐患。
2. 能针对具体活动中的安全隐患采取相应的处理方法。
3. 能抓住教育契机，在活动中做好安全教育。

素质目标

1. 能在识别和排查安全隐患过程中提高保育、教育能力。
2. 能在活动中与保育员相互配合，共同保障幼儿的安全。
3. 深入理解安全隐患判断的重要意义。
4. 筑牢安全底线，树立“安全第一、预防为主”的意识。
5. 深入理解托幼机构工作中的“儿童本位”精神。

任务一 安全隐患判断的重要意义

任务背景

芊芊刚到托幼机构读小班，教室在三楼，通过没有安装护栏的窗户可以看到楼下来来往往的人群。芊芊很想念妈妈，经常趁老师不注意独自踩着小椅子爬到窗台上看妈妈有没有来接自己，如果看到妈妈芊芊就会很开心地趴在窗台上喊妈妈。

同学们，如果你是班级教师，你会怎样处理呢？

任务目标

课前预习

1. 了解幼儿学习与生活中可能存在的安全隐患。
2. 结合托幼机构一日工作实践理解安全隐患判断的重要意义。
3. 通过学习和练习提高思维的系统性、全面性以及语言表达的逻辑性。
4. 在一日活动的各个环节中强化“安全第一、预防为主”的意识。

任务准备

1. 日常生活中具有安全隐患意识。
2. 了解托幼机构一日活动的常规要求。
3. 知道辩论赛的基本流程。

任务实施

▼ 步骤一 技能示范

班级教师注意到芊芊的行为之后，是怎么做的呢？

（1）快速地走到芊芊身边，耐心地询问芊芊是不是想妈妈了。

（2）温柔地将芊芊抱下小椅子，把小椅子移到远离窗边的位置。

（3）明确地告诉芊芊，想妈妈很正常，想妈妈了可以来找老师抱抱，站在椅子上爬窗台很危险，小朋友不能独自爬到这么高的地方。

（4）安抚芊芊的情绪，引导芊芊去做游戏或玩玩具，分散其注意力。

（5）与班级保育员沟通此情况，让大家持续关注芊芊是否会再次爬到窗台上，如再次发生，要及时干预。

（6）意识到开放性窗户存在的安全隐患，及时向托幼机构负责人反馈加强窗户安全防护的意见。

▼ 步骤二 知识梳理

安全是一切发展的保障，幼儿只有在生命安全有所保障的基础上才能实现发展。作为幼儿在托幼机构的主要照料者和教育者，教师应了解一日活动中各个环节存在的安全隐患，对其进行有效预判和提前干预，并通过各种形式的安全教育培养幼儿的安全意识，加强幼儿的自我保护能力。

一、活动中的安全隐患

（一）与环境相关的安全隐患

幼儿需要一定的环境开展生活和游戏活动。有大量安全事故案例表明，不安全的设施设备会给幼儿造成极大的意外人身伤害，如大型户外玩具年久失修、残缺破损、螺丝松动脱落等。托幼机构环境中还会存在一些不易察觉的安全隐患，如电源插座过低、电线老化等。除此之外，室内的温度过高或者过低都会影响幼儿的健康，尤其是夏季天气炎热的时候，如果室内闷热不透气或者长期在密闭空间里开空调也会导致幼儿生病。

（二）与材料相关的安全隐患

幼儿需要与多种材料、工具互动来实现发展。材料和工具本身的特性也会使其存在一定安全隐患，如投放给幼儿的材料若带有锋利尖锐的边角，则容易戳伤或割伤幼儿；材料形态过于圆滑小巧，则容易被幼儿误食或者塞进鼻孔、耳洞等部位。另外，投放的材料和工具如果不符合幼儿的年龄特点，也会带来一定安全隐患。例如，给3岁以内的幼儿提供原木单元积木，他们在搬动积木的过程中由于力量不够，容易造成磕伤、砸伤或者肌肉损伤。

（三）与同伴相关的安全隐患

托幼机构为幼儿提供了社会性发展的机会，但是年龄越小的幼儿，自我中心意识越明显，越缺乏对他人以及与他人关系的认识。幼儿在和同伴相处互动的过程中缺少社交经验和社交技巧，在出现矛盾的时候难免用不恰当的方式解决，比如为争抢玩具而大打出手。还有部分幼儿存在一定的暴力行为倾向，也会给其他幼儿带来安全隐患。

（四）与教师相关的安全隐患

教师作为幼儿在托幼机构的主要照料者和教育者，本身应该起到保护幼儿安全、支持其发展的作用。但是实际上，有部分教师由于自身性格缺陷、资质不够等问题，反倒会成为幼儿在托幼机构的安全隐患。例如，教师体罚幼儿致伤致残事件，或者教师对幼儿进行言语侮辱，以及教师在日常活动中的粗心大意、照顾不周，都会给幼儿的身心带来伤害。

（五）其他安全隐患

除了上述内容，幼儿在托幼机构生活期间还可能会面临其他方方面面的安全隐患，比如消防设施问题、食品卫生问题，以及吞食异物、药品中毒等意外事故；人为因素造成的火灾、触电等；地震、暴雨等自然灾害事故。

在托幼机构的日常管理中，教师要预判可能对幼儿造成伤害的安全隐患，提高防范意识，提前做好安全排查，避免安全事故的发生。如果事故确实发生了，教师要能迅速应对并及时有效地进行救助和处理。

二、教师对活动中安全隐患进行判断的重要意义

（一）切实保障幼儿的生命安全和身心健康

“安全”是托幼机构一切工作顺利进行的首要前提，也是幼儿身心健康发展的重要保障。然而，在实际的托幼机构保教工作中，由于部分教师的安全意识薄弱，对活动中的安全隐患缺乏敏锐的判断和恰当的处理能力，导致一些幼儿在托幼机构受到不同程度的伤害，甚至死亡。安全事故一旦发生，幼儿、家庭、托幼机构乃至教师本人都会受到不良的影响，所以教师必须树立“安全第一”的意识，在事故发生前做好预防工作，及时排除活动中的安全隐患，强化“预防为主”的观念，切实保障幼儿的生命安全和身心健康。

（二）教师岗位职责和专业能力的必然要求

《幼儿园教育指导纲要（试行）》指出：“幼儿园必须把保护幼儿的生命和促进幼儿的健康放在工作的首位。”《幼儿园教师专业标准（试行）》也特别强调了安全问题，并对教师的相关专业知识和能力提出要求，如“适宜安排

幼儿的一日生活，掌握意外事故和危险情况下幼儿安全防护与救助的基本方法”等。

教师是幼儿在托幼机构一日生活的照料者，是幼儿生命安全的守护者，肩负着培养幼儿身心全面发展的重任。教师不但要有细心、耐心和爱心，更要有责任心，要能够及时判断出活动中的安全隐患并采取措施避免安全事故，尽最大努力维护幼儿的生命安全与身心健康。

三、幼儿对活动中安全隐患进行判断的重要意义

（一）健康教育的内在要求

安全教育是保障幼儿安全、促进幼儿健康成长的重要前提，也是幼儿健康教育的重要组成部分。《幼儿园教育指导纲要（试行）》明确提出让幼儿知道必要的安全保健常识、学习保护自己的安全教育目标，以及密切结合幼儿的生活进行安全、营养和保健教育，提高幼儿的自我保护意识和能力的教育要求。

（二）相信幼儿的重要体现

《托育机构保育指导大纲（试行）》《幼儿园教育指导纲要（试行）》都特别强调幼儿安全教育的重要性。幼儿有权利发展自己的安全意识和能力。安全教育也是承载幼儿权利、体现保教工作者“儿童本位”观的重要形式。

▼ 步骤三　牛刀小试

实训活动 辩论赛

学习完本任务，你有哪些收获呢？你觉得安全隐患是有害还是有益呢？大家可以组织一次简短的辩论赛，陈述你的观点，并填写表 2-1-1。

表 2-1-1　辩论赛记录表

环节	正方观点：安全隐患有害	反方观点：安全隐患有益
开篇立论		
攻辩环节		
自由辩论		

2-1-4

续表

环节	正方观点：安全隐患有害	反方观点：安全隐患有益
结辩		
观众提问		
评选最佳辩手		

▼ 步骤四　任务实施评价

所有小组均要对本组和其他小组的辩论进行讨论评价，并记录在表2-1-2中。

表 2-1-2　任务评价表

实训内容	评价要素	建议评价标准
判断活动中安全隐患的重要意义	（1）选择一个明确的辩论观点 （2）能够用标准、恰当、简洁、流畅的语言表达自己所持的观点 （3）陈述观点的时候逻辑清晰、推理合理 （4）在辩驳对方辩手观点时针对性强、论证有力、引用恰当 （5）在进行辩论的过程中反应敏捷，技巧多元、得当，语言得体 （6）在辩论赛的过程中仪态、着装得体，台风稳健，有风度 （7）尊重对方辩友、评委和观众	全部正确（8 ~ 10 分） 5 ~ 6 点正确（7 ~ 8 分） 3 ~ 4 点正确（3 ~ 6 分） 1 ~ 2 点正确（1 ~ 2 分）
自我评价及评分：		
组内评价及评分：		
教师评价及评分：		
综合评分：自我评分（20%）+ 组内评分（30%）+ 教师评分（50%）=		

思考提升

简答题：

作为一名托幼机构教师，当你带着幼儿外出散步时，需要从哪些方面进行安全隐患的判断？

任务二　生活活动中的安全

任务背景

做游戏时，小宝将豌豆大小的毛球藏到了衣服口袋里。午睡时，他悄悄摸出了小毛球玩耍，将小毛球在脸上滚来滚去，时不时放到眼眶、耳朵、鼻孔等位置。同学们，如果你在午睡值班的时候发现小宝在玩小毛球，你会怎么做呢？

任务目标

1. 了解生活活动的基本环节，知道其中存在的安全隐患。

2. 能够觉察并预判生活活动中的安全隐患，并采取相应的措施规避安全事故。

课前预习

3. 能有效运用信息技术进行信息收集、分析、处理和表达。

4. 有培养幼儿的安全行为习惯以及面对危险时的基本反应能力的意识。

任务准备

1. 准备幼儿一日生活流程规范列表。

2. 具备照顾幼儿一日生活的基本技能。

3. 了解制作微课的设备及其基本使用方法，如录像机、录音机、视频制作软件等。

任务实施

▼ 步骤一　技能示范

午睡值班的教师发现小宝在玩小毛球，可采取以下措施。

（1）轻声走到小宝旁边，询问小宝玩的是什么。

（2）分散小宝的注意力，顺势将小毛球拿走，提醒小宝不能将玩具带进寝室，更不能将类似的小物件放进自己的耳、鼻、口中，然后安抚小宝入睡。

（3）与班级其他教师及保育员召开专项会议，仔细检查班级幼儿午睡时的状况。如果发现幼儿有玩小物件的情况应及时干预，防止异物入体事件发生。

（4）制订午睡管理常规，仔细检查幼儿上床前是否随身携带小物件，消除安全隐患。

（5）收集“异物入体”相关案例并开展安全教育，组织幼儿集体学习，使其了解小物件进入鼻孔、耳朵、嘴巴等的危害，提高幼儿的安全意识。

▼ 步骤二 知识梳理

托幼机构一日生活的活动可以分为四种类型：生活活动、游戏活动、学习活动、运动活动，其中生活活动占据的环节最多、时间最长。幼儿每天都要经历入园、饮水、盥洗、进餐、如厕、午睡、离园七个环节，它们具有基础性、重复性和琐碎性等特征，这些每日重复的活动对幼儿来说习以为常，但却是目前托幼机构安全教育中最为薄弱、存在安全隐患最多的环节。教师应对其中的安全隐患和应对措施了然于胸，尽可能做到防患于未然。

一、入园环节的安全隐患与应对策略

（一）入园环节的安全隐患

1. 安保制度

幼儿早上来到托幼机构时正是人流高峰时刻，托幼机构门口进进出出的人流量大，受地理位置、人群素质、突发状况等因素影响，难免会有不怀好意的人混入其中。如果缺乏严密坚实的安保系统和科学的人员引流制度，幼儿和家长可能会面临碰撞争吵、拥挤踩踏、被盗失窃等安全隐患。

2. 健康状况

幼儿离开托幼机构之后会接触到广阔的环境，再次返回时可能将在外界接触到的病菌一并带入托幼机构。这些病菌从侵入人体到症状发作有一段时间的潜伏期，比如常见的流感、疱疹性咽峡炎、手足口病等。有些幼儿可能在家中已经生病，但家长未能及时发现，如果教师也没有发现，不仅会耽误幼儿的治疗，给其造成痛苦，还可能会危及其他幼儿的健康。

3. 危险物品

某些危险物品往往以最平常的样子出现，令人防不胜防。例如，悄悄藏在口袋里的小零食，一些好玩的小物件（如纽扣、弹珠、别针、药片、夹子、打火机等），以及幼儿服饰上的亮片、小珠子、帽绳等装饰物，这些物品很容易被幼儿误吞或放入耳鼻之中造成异物入体等意外伤害事故。

4. 晨检漏洞

晨检是保证幼儿在托幼机构中安全的重要环节。然而，一些托幼机构的晨检却流于形式，幼儿只需要向保育员或教师问声好，然后根据自己的喜好选择一个健康标志牌，插入教室的健康袋中就可以了；有的保育员或教师虽然检查了幼儿的健康状况，却没有留意幼儿的穿着、携带的小物件等。这种形同虚设、粗枝大叶的晨检，往往为安全事故的发生埋下伏笔。

教师应当格外重视托幼机构的晨检环节，提升自身的安全意识和监控能力，并经常对幼儿进行安全教育，避免类似事故的发生。

（二）入园环节安全隐患的应对策略

1. 有序入园

设立进入托幼机构的排队标志牌，畅通入园路线，由安保人员维持秩序；设置红外线体温测量仪，监控进入托幼机构人员的体温。

2. 坚持洗手

在托幼机构大门口设置盥洗台，提供自来水、肥皂或洗手液，带班教师提醒幼儿洗手后入班，防止将病菌带入托幼机构中。

3. 严格晨检

晨检是幼儿安全进入托幼机构的第一道屏障，目的是排除安全隐患，对幼儿的疾病做到早发现、早诊断、早隔离、早治疗。晨检一般情况下由专门的保育员执行，部分托幼机构由教师代为执行。晨检主要包括四个方面：看、摸、问、查。（1）看：看幼儿面色是否正常，五官、皮肤是否健康，如眼结膜有无红肿、咽喉部有无发炎或疱疹、有无皮疹等。（2）摸：先摸幼儿额头、手心是否发烧，然后摸幼儿的腮腺、扁桃体是否肿大。（3）问：问幼儿家长幼儿在家的饮食、睡眠、大小便等健康情况。（4）查：检查幼儿是否携带食品或者不安全物品，避免意外事故发生（尤其是在小班起始阶段）。

保育师国家职业技能鉴定考试题库

【选择题】晨检时检查幼儿的衣兜是为了（　　）。

A. 避免意外事故的发生　　B. 分享幼儿带来的食物

C. 分享幼儿带来的玩具　　D. 检查是否带手绢

4. 关注身体不适幼儿的状况、服药情况

对于生病的幼儿，教师要格外留心。一方面要向家长询问患儿的身体状况和服药情况，由患儿家长亲自填写“服药登记表”并审核签名（成分不明的汤药、保健药原则上不在托幼机构服用）；另一方面要随时关注身体不适的幼儿，照顾幼儿按时服药，注意把药袋放在幼儿无法触及的地方。

二、盥洗环节的安全隐患与应对策略

（一）盥洗环节的安全隐患

1. 环境卫生与安全

盥洗室连接着卫生间，容易滋生细菌。另外，盥洗室地面上常会有水渍，比较湿滑，幼儿在盥洗室行走时容易滑倒。

2. 混乱无序

一般盥洗室的空间十分有限，无法同时容纳所有幼儿，如果大家一拥而入，很容易发生肢体碰撞、挤压，甚至摔倒。此外，一些幼儿缺乏耐心，喜欢催促正在如厕或盥洗的幼儿，引起同伴间的争执和冲突。甚至有部分好动的幼儿喜欢在等待时和身边的人嬉戏打闹，造成自己或他人受伤。

3. 边洗边玩

玩水对幼儿来说有着强烈的吸引力，一些幼儿会借盥洗的机会边洗边玩，很容易把肥皂液、洗手液弄到眼睛里，或者把水溅到身上，衣物打湿后却不知道去更换，导致着凉感冒。

（二）盥洗环节安全隐患的应对策略

（1）保持盥洗室的物品摆放整齐，定期对盥洗室进行消毒杀菌，消除卫生死角。

（2）如条件有限，可以让幼儿分批进行盥洗，勿使幼儿盥洗时太过拥挤，妨碍彼此的动作，同时还要教育幼儿学会耐心等待、有序盥洗。

（3）教育幼儿盥洗时要卷好袖口，不玩水，洗完之后要在水盆里甩掉手上多余的水，并及时拿毛巾擦干。

（4）注意随时保持盥洗室地面干燥，可将废旧毛巾垫在水池边，防止衣服溅湿导致幼儿着凉。

（5）教师和保育员明确分工和站位，兼顾盥洗室和教室不同区域里的幼儿，保证所有幼儿都在教师和保育员的视线范围之内。

2-2-4

三、饮水环节的安全隐患与应对策略

（一）饮水环节的安全隐患

1. 环境隐患

根据实际情况，托幼机构为幼儿提供了不同的饮水装置。传统盛放开水的保温桶，如水温过高或缺少防护措施，会增加幼儿烫伤的风险；自来水直饮机，如不及时调控水温或电源与水源过近等，也会存在一定的安全隐患。

2. 水杯清洁消毒

幼儿用于饮水的水杯如果不定期清洁、消毒，便会滋生很多细菌。一些托幼机构省去了水杯消毒的环节，幼儿随机拿取，很容易造成疾病传染。

3. 饮水习惯

饮水是比较放松愉悦的环节，一些幼儿在饮水时喜欢和同伴聊天、打闹，很容易被水呛到或打翻水杯弄湿地板而导致滑倒。

（二）饮水环节安全隐患的应对策略

（1）托幼机构为幼儿选择安全的水杯，并定期检查清理。

（2）保育员及时清理打扫地面，保证饮水区清洁干爽。

（3）保育员在幼儿饮水前对水杯进行清洁与消毒。

（4）让幼儿自带水杯，并放在固定的地方，不与其他幼儿共用水杯。

（5）教师指导幼儿安全有序地取水、饮水，饮水时不嬉笑打闹。

（6）教师提醒幼儿剧烈运动后不要马上饮水，饭前饭后半小时内少饮水。

四、进餐环节的安全隐患与应对策略

（一）进餐环节的安全隐患

1. 环境隐患

（1）桌面清洁消毒工作未做到位。如果进餐前保育员未将餐桌进行清洁消毒，幼儿的餐具被污染后接触幼儿嘴巴，或者幼儿将掉落在桌面上的食物捡起来误食，桌面上的病毒或者细菌便会进入幼儿体内。

（2）消毒液未妥善放置。对进餐环境进行消毒的消毒液有一定的刺激性和腐蚀性，如果保育员不做好自我保护措施，会给自己的健康带来损害；如果将消毒液直接暴露在环境中，更会影响幼儿的健康。

（3）食物未正确摆放。刚送到班级的食物温度较高，如果保育员在分餐前和分餐时对食物的摆放不合理，便容易造成食物污染或者导致幼儿烫伤。

2. 消极情绪

由于个体差异，部分幼儿存在挑食、吃饭慢或者无法独立进餐的情况，一些缺乏耐心的教师和保育员会习惯性地催促、命令、批评进餐困难的幼儿，这样容易引发幼儿的焦虑情绪和恐惧心理。与此同时，教师针对部分幼儿的言行会对其他幼儿形成极端的心理暗示，于是造成幼儿进餐时吃得更快，而过快过猛的进食很容易导致呛噎和消化不良。

3. 不良习惯

有的幼儿喜欢玩餐具，咬着筷子或小勺玩，如果摔跤或者被碰到则很容易戳伤自己；有些幼儿喜欢边吃边说话，东张西望，容易呛噎；有些幼儿进餐时坐姿不正确，双脚叉开或者离其他幼儿过近，很容易绊倒或用餐具戳伤别人……这些细节看似微不足道，却关乎幼儿的健康和安全。

4. 意外状况

幼儿在进餐的过程中也很容易被一些突发状况影响，比如呕吐、打翻饭碗、牙疼、肚子疼、哭泣等。

保育师国家职业技能鉴定考试题库

【选择题】幼儿进餐中容易出现的意外问题有（　　）。

A. 说话　　B. 呕吐　　C. 打喷嚏　　D. 小便

（二）进餐环节安全隐患的应对策略

1. 进餐前

（1）给桌面消毒时，教师和保育员应分工，教师组织幼儿在远离餐桌的区域做游戏或等待，保育员做好自我防护后对进餐环境进行清洁与消毒。

（2）分餐时，保育员要注意将装饭菜的盆、桶、锅等放到幼儿不易触及的位置。

（3）要有教师、保育员和幼儿“三位一体”的意识，教师要保证为幼儿提供正确的餐前准备和充足的进餐时间，保育员要根据实际情况灵活配餐，以免餐点变凉或就餐时间紧张。

2. 进餐时

（1）保育员应当为幼儿提供轻松愉快的进餐环境，不能让幼儿带着消极情绪进餐；对幼儿的就餐要求应因人而异，不要过分催促，对进食速度较慢的幼儿应多给其一些时间和进餐指导。如果发现幼儿进餐情绪低落、食欲较差，应检查和询问幼儿是否发烧，有无牙疼、嗓子疼、肚子疼等问题。

（2）幼儿进餐时教师应安静地在旁照顾，注意观察幼儿的食欲。如果其食欲有变化，应仔细分析问题产生的原因。如果是因为幼儿挑食，教师需要正向引导幼儿适量尝试新的食物；如果是因为幼儿不饿，教师可以在餐前多为其安排一些活动；如果是因为幼儿身体不适，教师可以适当为其减少饭菜量，注意观察，如有异常，教师应及时与保健医生和家长沟通。

（3）在幼儿进餐过程中，教师需要指导并帮助幼儿形成良好的进餐习惯，如正确使用餐具，不用手抓食物，细嚼慢咽，不吃汤泡饭，不弄脏桌面、地面和衣服，骨头、残渣放在指定的地方，要咽下最后一口饭后再离开就餐区，等等。教师应尽量避免生硬说教。

保育师国家职业技能鉴定考试题库

【选择题】幼儿进餐情绪低落，保育员应检查幼儿（　　）。

A. 是否聊天　　B. 是否讲故事　　C. 是否要上厕所　　D. 是否发烧

3. 进餐后

幼儿进餐结束后需要漱口或刷牙，然后在教师的视线范围内进行一些安静的餐后活动。待全体幼儿都进餐结束后，教师可组织幼儿进行 10 ～ 15 分钟的餐后散步活动以帮助其消化，避免让幼儿进行剧烈运动。

五、如厕环节的安全隐患与应对策略

（一）如厕环节的安全隐患

1. 如厕意识

很多幼儿来到托幼机构之后还不具备自主如厕意识，遗便的情况时有发生，如果教师没有及时发现，幼儿的生理卫生将受到很大影响。同时，部分幼儿对如厕的环境很敏感，不愿意在外如厕，拒绝使用不熟悉的便器，有便意了也不告诉教师，强忍着不如厕，对身体产生不良影响。

2. 个人与环境的清洁卫生

卫生间通常和盥洗室相连，环境潮湿，会滋生较多的细菌，如果将尿渍或者大便遗留在环境中，刺鼻的气味和不计其数的细菌将会对幼儿带来健康危害。另外，在如厕的过程中，幼儿的手可能会接触到很多细菌和病毒，如果如厕后不洗手就会把这些细菌或病毒带到其他地方，甚至是口中。

3. 隐私安全

男女性别上的差异会在如厕时直观呈现，幼儿在性别意识建立的过程中会对异性的身体器官感到好奇，缺乏隐私部位保护意识的幼儿有可能会受到冒犯甚至侵犯。

（二）如厕环节安全隐患的应对策略

1. 清洁卫生

保育员应及时清理卫生间的水渍和污渍，确保卫生间干净整洁。同时应帮助或引导幼儿如厕后用肥皂或者洗手液洗手，使其养成良好的习惯。

2. 如厕引导

幼儿对自身排泄系统的控制还不够成熟，会根据自己的生理需求随时如厕，教师不得以任何理由拒绝或者限制幼儿如厕的需求。当教师注意到有如厕困难的幼儿之后，要帮助他们培养良好的如厕习惯，比如借助相关图书帮助幼儿理解及时表达如厕需求的重要性，陪伴幼儿克服如厕的紧张感，引导幼儿正确使用蹲便器或者坐便器，学习便后冲水和洗手的方法。

3. 隐私部位安全

托幼机构在有条件的情况下应对卫生间进行分区，在明显的位置贴上象征“男”“女”的标识，引导幼儿在正确的位置如厕。通过教育活动引导幼儿学习正确保护自己隐私部位的方法，形成尊重他人隐私部位的意识。

六、午睡环节的安全隐患和应对策略

（一）午睡环节的安全隐患

1. 不良睡姿

一些幼儿睡觉时会有蹬被子、将胳膊裸露在外等情况，容易着凉；一些幼儿在入睡前喜欢将胳膊或者腿脚伸到床栏里，容易造成受伤；还有一些幼儿有蒙头睡或趴睡等习惯，这些不良睡姿很容易造成窒息。

2. 异物入体

一些幼儿会偷偷将小毛球、小珠子、小亮片等物品带入寝室，趁教师不注意的时候拿出来摆弄，可能会造成异物入体或受伤。也有一些幼儿吃得过饱或者口腔里含着食物入睡，在睡觉过程中发生意外的情况也屡见不鲜。

3. 突发情况

幼儿在午睡时亦有可能出现尿床、发烧、抽搐、呕吐等突发情况。一些患有先天性疾病（如心脏病、原发性癫痫）的幼儿可能会突然发病。如果幼儿患有重感冒、哮喘或肺炎等疾病，午睡过程中也可能出现症状。

（二）午睡环节安全隐患的应对策略

1. 午睡前

首先，教师要排除多方面的危险因素，比如检查幼儿是否吃得太饱，口腔里是否还有饭没有吞咽；提示每位幼儿解便后再上床；取下女孩儿头发上的发夹、头饰，谨防幼儿将尖锐、坚硬、细小的物品带上床，幼儿脱下的衣物不要放在枕边。其次，幼儿上床时室内外温差要控制在 10 度以内，防止着凉。如果是夏天或冬天，教师应当提前 20 分钟打开空调调整室内温度。

2. 午睡时

教师应加强午睡过程中的巡视，关注幼儿是否着装适宜（不穿过多衣物入睡），床上用品厚度是否适宜，随时关注幼儿午睡时的情绪和睡姿，及时应对幼儿的情绪变化与需求，例如帮助幼儿盖好被子，纠正不良睡姿，天气炎热时用毛巾为其擦去汗水，照顾入睡困难、有特殊需要的幼儿（尿床幼儿、疾病患儿）等。午睡过程中，教师不应随意离开寝室，离开时务必请其他教师代为看护。夏季房间开空调的时候需要使室温适宜，并注意通风。

保育师国家职业技能鉴定考试题库

【选择题】夏季开空调的房间应经常（　　）。

A. 开窗通风　　B. 洒水　　C. 开风扇　　D. 擦地

3. 午睡后起床时

教师应提醒幼儿注意穿衣顺序，对于穿衣困难的幼儿应及时给予帮助（可请穿好衣服的幼儿帮忙）。同时，教师应教育幼儿穿好衣服后不乱跑，坐在小床边等待，教师要保证所有幼儿在自己的视线范围内。

七、离园环节的安全隐患与应对策略

（一）离园环节的安全隐患

离园过程中最大的隐患存在于幼儿交接环节。一些托幼机构门卫管理不严，给了外来人员浑水摸鱼的机会。托幼机构应不仅认接送卡也认人，以免陌生人拿着捡到或偷来的接送卡冒领孩子；还有一些别有用心的熟人骗领孩子，等等。其实在许多情况下幼儿并不清楚自己是否应当跟某个人走，这时教师一旦轻信对方，就可能将幼儿置于危险境地。

（二）离园环节安全隐患的应对策略

1. 严格确认接孩子的家长

如果来接幼儿的是教师不熟悉的人（包括幼儿的亲人），或幼儿表现出犹豫和不情愿的时候，教师一定要谨慎，只有在得到幼儿直接监护人的确认信息后才能将幼儿交给对方。

2. 合理分配接送时间

教师要控制好家长接孩子的时间，让自己有足够的时间和精力去接待每位家长。对于生病或当天表现异样的幼儿，可向家长做简单交代。如果幼儿在园期间遭受了意外伤害，无论大小，一定要及时告知家长，并讲明原因，以免造成误解。在与家长沟通时，要保证班级全体幼儿都在视线范围内。

3. 仔细检查确保安全

总之，在幼儿一天的活动中，教师应通过明察秋毫的环境管理、细致入微的入园检查、清洁有序的盥洗环节、洁净卫生的饮水环节、温馨健康的进餐环节、轻松愉悦的如厕环节、舒适宜人的午睡环节、谨慎小心的离园环节，来保障幼儿每天高高兴兴来园、快快乐乐学习、平平安安回家。

▼ 步骤三　牛刀小试

实训活动 案例收集与分析

学习完本任务的内容，你能意识到托幼机构一日生活各个环节中的安全隐患吗？如果你是班级的教师，你能敏锐地发现安全隐患并对其进行妥善处理吗？

1. 请每位同学收集 2 ~ 3 个真实发生在托幼机构一日生活中的安全事故案例，并填写表 2-2-1。

表 2-2-1　托幼机构一日生活中的安全事故案例信息表（个人填写）

案例收集者：　　　　　　　案例时间：　　　　　　　案例来源（托幼机构、班级）：

案例编号	案例发生环节	案例实录	安全事故原因分析	安全隐患应对措施

2. 请大家将收集到的案例进行整理分类，看一看哪个生活环节发生的安全事故最多，试着分析原因，并填写表 2-2-2。

表 2-2-2　托幼机构一日生活各环节安全事故案例统计表（小组填写）

小组序号		小组名称		组长	
小组成员及分工					
案例发生环节	案例编号			案例统计	
入园环节					
盥洗环节					
饮水环节					
进餐环节					
如厕环节					
午睡环节					
离园环节					
安全事故发生最多的环节：					
讨论分析这个环节发生安全事故最多的原因：					
讨论补充教师可以实施的应对策略：					

3. 请每个小组将本小组调查到的结果及原因分析、应对策略以微课的形式进行呈现，各小组进行微课视频展演，并填写表 2-2-3。

表 2-2-3　微课设计脚本

课程名称					
教学内容					
教学目标					
教学思路					
分工明细（姓名 + 学号）	脚本拟写				
	素材整理				
	微课拍摄				
	后期制作				
教学过程及微课分镜头脚本					
	教学设计	解说词	画面	多媒体	时长
导入					

续表

讲解					
总结					
设计反思					

▼ 步骤四　任务实施评价

所有小组均要对本组和其他小组进行讨论评价，并记录在表 2-2-4 中。

表 2-2-4　任务评价表

实训内容	评价要素	建议评价标准
生活活动中安全隐患的判断与处理	（1）能收集生活活动中存在的安全隐患或者安全事故案例 （2）能对案例中的安全隐患或者危险因素进行要点分析 （3）能对生活活动中具体的安全隐患给出恰当的处理建议 （4）能够用微课的形式展示某一生活环节中的安全事故案例 （5）能根据案例分析该生活环节的安全隐患及应对策略 （6）能够联合托幼机构负责人、家长、社区等资源为幼儿提供安全的生活活动环境	全部正确（8 ~ 10 分） 4 ~ 5 点正确（6 ~ 8 分） 2 ~ 3 点正确（3 ~ 5 分） 1 点及以下正确（0 ~ 2 分）
自我评价及评分：		
组内评价及评分：		
教师评价及评分：		
综合评分：自我评分（20%）+ 组内评分（30%）+ 教师评分（50%）=		

思考提升

判断题：

1. 在入园环节，家长都急着送自己的孩子入园，托幼机构应该把大门打开让家长们快速进来。（　　）

2. 为了锻炼幼儿的生活自理能力，教师应鼓励小班的孩子自己盛饭。（　　）

3. 如果幼儿告诉教师上厕所的时候有人摸自己的屁股，教师需要开展隐私部位安全教育活动，引导幼儿学会保护自己的隐私部位。（　　）

任务三　游戏活动中的安全

任务背景

幼儿园大班的果果、洋洋、俊俊几个小朋友在建构区角用管状玩具各自拼接成了一把“剑”，然后挥舞着“剑”在教室的走廊上“决斗”。洋洋将“剑”竖直向果果和俊俊“劈”去的时候，被果果用胳膊一挡，“剑”就断成了两节，上面的一节从打开的窗户飞了出去，楼下的场地上有正在开展体育活动的中班小朋友。

同学们，通过这个案例，你发现在游戏活动中可能会存在哪些安全隐患呢？如果你是他们的老师，你会怎么处理呢？

任务目标

1. 尊重幼儿做游戏的权利，履行保护幼儿的责任。
2. 能为幼儿创设安全、便利的游戏环境。
3. 能够敏锐地判断幼儿游戏活动中的安全隐患并进行妥善处理。
4. 通过安全常规教育活动提高幼儿的自我保护意识和能力。

课前预习

任务准备

1. 了解创设托幼机构游戏环境的技能。
2. 准备托幼机构游戏材料安全评价表。

任务实施

▼ 步骤一　技能示范

在“任务背景”案例中，存在的安全隐患有以下几点。

（1）幼儿用建构玩具做“武器”，容易误伤他人。

（2）在教室活动范围内进行打斗的游戏，容易引起其他幼儿效仿，出现大规模进行“暴力”游戏的场面。

（3）幼儿脱离了教师的视线进行活动，如果有意外情况教师无法及时预判和处理。

（4）从窗户掉落的玩具可能会误伤楼下的师生，带来不必要的麻烦。

教师需要做到以下几点。

（1）上前制止幼儿的“暴力”游戏，检查是否有幼儿受伤，如有受伤，立即带往医务室进行处理。

（2）事发之前教师没有注意到幼儿的游戏内容，在事后先询问幼儿，了解游戏过程，引导三位幼儿对自己的行为可能产生的后果进行反思。

（3）带领果果、洋洋、俊俊下楼去找飞出去的管状玩具，询问楼下有没有人员受伤。

（4）组织幼儿讨论本次事件存在的安全隐患，请幼儿分别说出这样玩游戏的不当之处，如用建构玩具制作“武器”并进行打斗游戏、在教师的视线范围之外玩耍、让玩具从窗户飞出去等，以及如何更好地进行游戏活动。

（5）师生共同制定自主游戏规则，强调既能愉快游戏，又能保护好自己和他人的原则。

（6）在后续的自主游戏中，教师应加强对班级幼儿全方位的管理，防止幼儿在自己的视线外发生意外。

▼ 步骤二　知识梳理

做游戏是幼儿的基本活动。游戏按照不同的形式、内容可以划分为不同的类型。从游戏的发起者来划分，可以分为以教师为主导的教学性游戏和以幼儿为主导的自发性游戏。其中，教学性游戏是教师为了实现某个教学任务或达成某个教学目标而组织的有计划的活动，也可理解为游戏化教学；自发性游戏是幼儿根据自己的兴趣、能力、意愿而自发开启或组队开启的游戏活动，在托幼机构可以对应为活动区活动。

幼儿在托幼机构的大部分时间是在教师的精心组织下有序开展集体活动，这样可以最大限度地保证幼儿的安全。在自主游戏环节，每个幼儿可以在开放的环境中进行个性化的游戏活动，处于自由、放松、愉悦的状态，但安全隐患也“伺机而动”，教师需要敏锐地判断并处理这些安全隐患。

一、游戏前对安全隐患的思考和管理

（一）环境创设的安全隐患

1. 环境内的空间布局

教师在创设班级游戏环境的时候，通常会按照功能将活动区划分为若干区域，各个区域之间会有隔断，如果隔断之间的空间不够，则幼儿容易因为拥挤和争抢而发生安全事故。另外，有的班级为了充分利用园舍空间，会同时在室内和室外开展游戏活动，如果幼儿长时间处于教师的视觉盲区，会容易因脱离教师的监管而发生意外。

2. 环境内的危险因素

一些教师因为缺乏安全意识，常常将危险物品随意摆放。很多时候幼儿并不清楚哪些是危险物品以及其存在什么危险，容易误拿或误食，例如把药片当作糖果吃掉、把消毒液当作普通的水喝掉等。因此，教师在创设环境时应注意并消除环境中的危险因素，比如药品、消毒液等物品应放置在幼儿无法触及的地方，电线、开关、插座等危险设施应设置在安全范围内。

（二）材料投放的安全隐患

1. 材料的质量安全

材料是与幼儿直接发生互动的游戏载体，但是市面上的游戏材料缺乏严格的环保质量、卫生安全监管，部分游戏玩具质量不合格，含有有毒物质或者某些成分含量超标。选购幼儿玩具时，避免选购可能会对幼儿的身心健康造成不良影响的玩具是应重点注意的事项之一。

2. 材料的材质特性

游戏材料的材质、大小、形状、颜色各异，不同的材质特性适宜于不同年龄段的幼儿。正规游戏材料包装上都会标注本材料适宜的年龄段幼儿，比如小颗粒零件的玩具不适宜三岁以下的幼儿，较重较复杂的玩具更适宜于年龄大一些的幼儿。而对于通用型的玩具或者工具，教师需要从安全性上进行选择，比如提供给幼儿的剪刀应该是带圆头的安全剪刀。

3. 材料的呈现方式

在开放的游戏环境中，游戏材料应便于幼儿自主取放。教师在呈现游戏材料的时候要注意位置和顺序。一般来说，幼儿的游戏材料会放置在 1 米以下的玩具柜中，较重的玩具放在玩具柜下层，经常使用的工具放在玩具柜上层，较轻且小的玩具或材料需要用适宜的容器盛放，比如剪刀应手柄向上插在笔筒中，便于幼儿安全地拿取。

（三）制定游戏活动常规

游戏开始前，必要的常规要求可以帮助幼儿建立游戏安全意识。幼儿进行自主游戏时首先需要明确认识自己的游戏范围。教师通过情景演练、模拟示范来培养幼儿基本的游戏规则意识，规范其在相应范围内进行游戏活动的习惯。教师还要帮助幼儿了解游戏材料与游戏规则的内在联系，让幼儿在游戏合作中提高安全意识，明确什么可以做、什么不可以做。教师通过培养幼儿安全规则的意识，让幼儿在游戏中学习主动规避危险因素。

二、游戏中对安全隐患的预判和应对

（一）材料工具的不恰当使用

幼儿在游戏中学习使用材料和工具，但是幼儿的不恰当使用会带来一定的安全隐患。例如，当幼儿将建构玩具拼接成“武器”并开始进行“打斗”游戏时，可能会造成误伤；当幼儿一手拿着剪刀从一个地方跑到另一个地方，如果沿途不小心摔跤或者撞到别人，后果将不堪设想。教师要密切关注幼儿使用材料和工具时的状态，对不恰当的使用行为及时干预并向幼儿示范正确的使用方法。

（二）同伴互动的矛盾冲突

除了与玩具材料互动，幼儿在自主游戏活动中还会与同伴发生大量的互动。由于较小的幼儿还处于受自我中心意识控制的阶段，而稍微年长的幼儿还在学习社交技能的过程中，争抢玩具、不小心碰撞、出现矛盾冲突是常有的事。一旦教师观察不到位、发现不及时，幼儿之间便很有可能出现以非理性的方式解决争端的情况，造成不必要的伤害。因此，教师的观察在于掌控全局，通过提供丰富的平行材料，制定合理的常规要求，确保幼儿游戏活动的安全性和秩序性，为幼儿营造一个和谐安全的游戏环境。

（三）教师行为监控的疏漏

幼儿的自主游戏环节并不意味着教师在此期间就可以休息放松了。部分教师在幼儿的自主游戏环节放松警惕，缺乏对幼儿行为的有效监控，从而导致不少安全事故。一些教师只关心幼儿在不在，而不关心他们在哪里、在做什么，甚至当意外发生时还意识不到问题出在什么地方。行为监控的疏漏不仅导致幼儿失去应有的安全保障，还可能延误救助时机。因此，无论是在班级内还是校园中，无论是进行环境创设还是带领幼儿与周围环境互动，教师都要遵守托幼机构的常规管理制度，加强对幼儿的行为监控。

三、游戏后对安全隐患的排查和处理

幼儿自主游戏活动结束后，安全隐患不一定就会消失。教师应该对游戏环境和玩具材料进行安全隐患排查，比如玩具或者盛装玩具的篮子是否有破损（避免扎伤或划伤幼儿的小手），是否有一些小物件遗留在外（避免幼儿在其他时间拿出来玩要造成异物入体），是否定期对玩具进行清洁消毒（避免患传染性疾病的幼儿接触玩具后造成交叉感染），剪刀、美工刀等工具用完后是否及时收好（避免幼儿误拿受伤），等等。每次幼儿自主游戏结束后教师都应该严格检查并进行处理，及时排除这些安全隐患。

▼ 步骤三　牛刀小试

实训活动 设计适宜的自主游戏环境

1. 全班同学分为 7 个小组，每个小组选择下列一个区角（保证每个区角都有小组负责）进行班级自主游戏环境创设，可以通过文字和图画设计来呈现，并填写表 2-3-1。

供选择区角：美工区、阅读区、建构区、益智区、科学区、小舞台表演区、角色扮演区。

表 2-3-1　自主游戏环境设计表

<table>
<tr><td>小组序号</td><td></td><td>小组名称</td><td></td><td rowspan="2">小组成员</td><td rowspan="2"></td></tr>
<tr><td>区角名字</td><td></td><td>适宜年龄段</td><td></td></tr>
<tr><td>区角位置</td><td colspan="5"></td></tr>
<tr><td>区角环境内容（墙面布置、桌子和柜子等的预设）</td><td colspan="5"></td></tr>
<tr><td>材料投放（材料的内容、盛放的容器、材料摆放的位置等）</td><td colspan="5"></td></tr>
</table>

续表

预设规则（规则内容、规则设计、引导幼儿理解的方式、呈现方式）	

2. 每个小组展示自己设计的自主游戏环境方案，互相评价，听取观众的意见，总结本小组的方案修改意见，并填写表 2-3-2。

表 2-3-2 自主游戏环境设计评价意见收集表

被评价小组序号： 被评价作品名称： 评价时间：

评价要点	他评意见要点	自评反思
环境创设中的安全隐患		
材料投放中的安全隐患		
常规设置中的安全意识		

▼ 步骤四 任务实施评价

所有小组均要对本组和其他小组进行讨论评价，并记录在表 2-3-3 中。

表 2-3-3 任务评价表

实训内容	评价要素	建议评价标准
自主游戏环境设计	（1）能根据某一年龄段幼儿的需要创设游戏环境 （2）知道环境中常见的安全隐患，并正确规避 （3）知道材料投放中的安全隐患，能尽量避免 （4）能用适宜的方式引导幼儿关注游戏过程中的安全隐患，尝试和幼儿共同制定游戏规则 （5）能对其他小组的设计方案提出中肯的意见，也能向其他小组学习以完善自己小组的方案	全部正确（8 ~ 10 分） 4 ~ 5 点正确（6 ~ 8 分） 2 ~ 3 点正确（3 ~ 5 分） 1 点及以下正确（0 ~ 2 分）
自我评价及评分：		
组内评价及评分：		
教师评价及评分：		
综合评分：自我评分（20%）+ 组内评分（30%）+ 教师评分（50%）=		

思考提升

论述题：

学习完本任务的内容，你如何认识和看待教师保障幼儿安全与促进幼儿发展的关系？比如在使用剪刀的过程中，会存在很多安全隐患，教师可以不提供剪刀给幼儿使用吗？请说出你的理由。

任务四 学习活动中的安全

任务背景

敏敏老师正在组织美工活动"可爱的乌龟"，她带来了一只小乌龟放在教室前面。在导入环节中，她安排小朋友自由观察，孩子们于是一拥而上。很快人群中就传来了小雨的告状声："老师，刚才希希推我！"敏敏老师让小朋友们迅速回到自己的座位上，继续下一环节。

敏敏老师告诉小朋友们，画完乌龟以后要用剪刀将彩纸剪成长条状来作为乌龟的花纹。剪刀摆在桌面上，每张桌子上有两把，小朋友们画完后就可以开始剪彩纸。

同学们，如果你是敏敏老师，你注意到有哪些安全隐患？你会怎么处理呢？

任务目标

1. 了解托幼机构学习活动的概念与特征。
2. 熟悉学习活动中可能存在的安全隐患。
3. 能够从多个角度做好学习活动中安全隐患的排查。
4. 树立"学习活动无小事、安全第一"的意识。

课前预习

任务准备

准备碎纸屑、塑料小勺、塑料梳子、塑料尺子、塑料剪刀、铅笔、排笔、水彩笔、吸管、玻璃瓶。

任务实施

步骤一 技能示范

为了规避此次美工活动中的安全隐患，教师应该怎么做呢？

（1）活动前教师将乌龟装入观察箱中，并确保乌龟不会爬出来，保护好乌龟的安全并保证幼儿不会被乌龟伤害。

（2）为了让幼儿更清楚地观察乌龟的形态及花纹，教师将幼儿进行分组，并为每组各提供一只乌龟。通过增加乌龟的数量，避免幼儿一拥而上引发拥挤和推搡。

（3）在操作环节之前，教师先向幼儿介绍此次活动中需要用到的工具，如剪刀、胶水等。教师先请幼儿说一说如何使用这些工具，再结合幼儿的回答进行归纳和补充，如剪刀拿取和放回时刀尖不对着人、使用剪刀要小心不要剪到手、不拿着剪刀离开座位、不将胶水涂抹到眼耳口鼻中等。

（4）教师提供的操作材料至少应每人一份，避免幼儿争抢。剪刀刀尖朝下插在筒内方便幼儿拿取。

（5）在活动中教师巡回指导，及时表扬操作规范的幼儿，当幼儿出现不安全的行为如用剪刀刀尖指人、争抢等情况时应及时制止。

（6）活动结束后教师再次就活动中幼儿的表现进行点评。鼓励幼儿学习安全规范操作，引导幼儿说一说活动中出现的不安全行为以及应该如何改正。

◎小贴士

托幼机构需要为幼儿提供专门的安全剪刀，你知道是为什么吗？

安全剪刀是专为幼儿设计的剪刀。由于幼儿好奇心强，且对于危险没有足够的意识，其使用的剪刀需要采用足够安全的材质和设计。在材质方面，幼儿安全剪刀多采用纯树脂或树脂含金属两种，能够减少安全隐患。尖头设计的剪刀对幼儿来说太过危险，因此幼儿安全剪刀多采用圆头设计，大大提升了安全性能。

▼ 步骤二　知识梳理

学习活动是指教师采用游戏、谈话、实验、操作、实地参观、听赏、表演等多种方式，有目的、有计划地引导幼儿通过直接感知、实际操作和亲身体验获取经验，帮助幼儿逐步养成积极主动、认真专注、敢于探究和尝试、乐于想象和创造等良好的学习品质。

在具体的学习活动中，哪些因素可能会导致安全事故的发生呢？

首先是环境和材料因素。如果教师为幼儿提供的材料不适宜或者幼儿对活动材料使用不当都容易引发安全事故。例如，教师为低年龄段的幼儿提供细小的材料容易导致异物入体、幼儿刀具使用不当容易导致割裂伤等。

其次是内容和组织形式的因素。教师在活动前需要根据幼儿的年龄特点及兴趣需求进行活动设计，并在过程中进行引导和组织。“任务背景”案例中幼儿要用剪刀剪纸条来作为装饰，这个活动更适合 4～6 岁的幼儿，对于更低年龄段的幼儿教师可以将活动内容替换成撕纸条或涂鸦装饰等。

托幼机构教师只有充分考虑了幼儿在学习活动中可能会发生的安全事故，在材料提供及活动组织中把握好关键要素，才能有效避免学习活动中的安全隐患。具体可从以下三个方面进行。

一、做好活动前的准备

（一）充分了解幼儿

教师要充分了解班级幼儿，从而选择适合幼儿的活动内容，设计合理的活动过程。如果为幼儿提供操作难度过大的材料，幼儿则无法掌控或难以操作；如果为幼儿提供操作过于简单的材料，则难以满足幼儿的需要，幼儿会将注意力容易转移到别处，这些都容易导致安全事故的发生。

（二）认真钻研学习内容

首先，教师在设计活动之前要认真研究学习内容，掌握好“知识与技能、过程与方法、情感态度与价值观”三维目标的协调发展。其次，教师要吃透学习内容的意图和知识结构，了解不同层次幼儿的学习需求，解决因材施教、“差异教育”等问题。

（三）确定适宜的活动形式

教师要针对不同的活动内容和目标确定学习活动的组织形式。对于全班幼儿共同参与的集体活动，教师要考虑到活动环节的设置是否能够满足全体幼儿的需要。例如，全班幼儿上前围观一只乌龟，一方面不能保证所有幼儿都能看清乌龟的模样，另一方面也容易引发拥挤、踩踏等安全事故。幼儿在分组教学中自主探索、同伴合作的机会增多，教师要进行巡回观察指导。

（四）准备场地及教具

（1）场地准备。首先，教师要排查场地是否存在安全隐患，如地面是否平整、场地中是否有尖锐物品。如果是户外场地，教师要排查有无高空坠物的危险等。其次，幼儿操作用的桌子或游戏的场地都应方便其活动。

（2）座位准备。不同的学习活动可以采取不同的座位摆放形式，如排坐形、马蹄形、圆形等，无论采用哪种座位摆放形式都不能让教师和幼儿之间有视觉盲区，应确保每个孩子都能看到教师、听到教师讲话。

（3）教具准备。对于一些教具如录像机等，教师要事先检查并为设备充电，不能在学习活动开展现场边用边充。对于操作演示用的电视、电脑等电器，教师要提前试用以排查故障。教师应准备数量充足且操作方便的幼儿学具。例如，“任务背景”中教师在导入环节准备了一只乌龟给全班幼儿观察，首先乌龟的数量不够，其次乌龟本身的安全也需要有所保障。

二、做好活动中的引导

（一）进行安全教育

教师针对不同年龄段的幼儿可以采取不同的方式进行安全教育。低年龄段的幼儿，教师可以直接告诉他们有哪些可能的危险以及需要如何规避；高年龄段的幼儿，教师可以请他们自己去发现安全隐患，自己去预测安全事故。例如，“任务背景”中的剪纸条活动，教师在幼儿操作前要先进行安全教育。首先介绍及演示工具的正确取放和操作方法，其次告知幼儿不当操作的危害。幼儿在活动过程中如果有不当操作，教师也要及时指出并纠正。

（二）把控活动秩序

在学习活动中，教师要充分考虑幼儿人数，把控好每个环节的活动秩序。例如，“任务背景”中教师可以按桌将幼儿分组，请幼儿一组一组地去观察乌龟；在操作环节提示幼儿轮流使用剪刀；引导已经完成作品的幼儿在座位上就近与同伴分享。此外，还要设计合理的活动环节，过程中注重动静交替，不能让幼儿处于持续且过度的兴奋状态中。

（三）注重习惯养成

学习活动中发生的很多安全事故都是由幼儿平时没有养成良好的行为习惯导致的。例如，幼儿在起立或离开座位时不收椅子，导致其他幼儿被绊倒；平时没有养成等待的习惯，在操作的时候争抢材料和工具等。因此教师在活动中要抓住教育契机，多引导幼儿养成良好的行为习惯，如端正坐好、起立时不把腿搭在椅子上、离开座位时收椅子、排队等待、耐心倾听等。

三、做好活动后的巩固

活动后，教师要及时小结，就活动中幼儿的安全意识、安全行为等进行简单的点评与总结。如果活动中有幼儿因为操作不当受伤，教师可以借以告诉幼儿应该如何正确操作，并具体表扬活动中幼儿表现出的恰当操作。

▼ 步骤三　牛刀小试

实训活动　头脑风暴

如何规避学习活动中的安全隐患

玲玲老师准备在中一班开展一次科学活动。活动名称为“奇妙的静电”，活动内容是观察不同材料摩擦所产生的静电现象，并与同伴合作探究哪些物体可以摩擦起电。活动需要用到的材料有记录表、碎纸屑、塑料小勺、塑料梳子、塑料尺子、塑料剪刀、铅笔、排笔、水彩笔、吸管、玻璃瓶。

请班级学生以 5 ～ 6 人为一小组进行头脑风暴，共同讨论本次活动各个环节中可能存在的安全隐患，为玲玲老师提出切实可行的建议，并填写表 2-4-1。

表 2-4-1　实训活动记录表

小组序号		小组名称		组长	
小组成员					
头脑风暴要点记录（记录可能存在的安全隐患）					
活动建议（为玲玲老师的活动设计提出具体的建议）					

▼ 步骤四　任务实施评价

所有小组均要对本组和其他小组进行讨论评价，并记录在表 2-4-2 中。

表 2-4-2　任务评价表

实训内容	评价要素	建议评价标准
头脑风暴，讨论本次活动各个环节中可能存在的安全隐患并为玲玲老师提出切实可行的建议	（1）能够积极参与小组讨论并提出自己的想法 （2）知道学习活动中导致安全事故的因素有哪些 （3）能从活动前、活动中、活动后三个方面来进行讨论 （4）能根据讨论出的要点有针对性地给出建议 （5）知道在幼儿学习生活中该如何预防安全事故的发生	全部达成（8 ～ 10 分） 4 ～ 5 点达成（6 ～ 8 分） 2 ～ 3 点达成（3 ～ 5 分） 1 点及以下达成（0 ～ 2 分）

续表

自我评价及评分：
组内评价及评分：
教师评价及评分：
综合评分：自我评分（20%）+ 组内评分（30%）+ 教师评分（50%）=

◎育婴专栏

照护者在帮助婴儿学习前要充分了解婴儿的情况，如月龄、兴趣、该月龄适宜的学习内容等。婴儿学习内容的选择应以情感互动为首位，让婴儿迈出社会交往的第一步。根据不同月龄学习相应动作，如扭头、翻身、爬、坐、立、抓、拿、推、拉等，同时观察婴儿特有的行为反应。多为婴儿念诵简短的儿歌，让其倾听并刺激婴儿做出反应。与婴儿一起进行身边常见物品的简单指认。婴儿学习场地和学习材料的提供请参照本书项目二任务三“游戏活动中的安全”。学习过程中照护者应时刻关注婴儿情绪的变化，及时调整学习内容和学习材料。

思考提升

单项选择题：

1. 李老师在组织小班数学活动“数一数”时选择以下哪种材料最不合适？（　　）

A. 小磁力珠　　B. 雪花片　　C. 动物卡片　　D. 水果卡片

2. 美美老师准备组织一次音乐游戏，作为配班的保育员，你觉得以下哪种桌椅摆放形式最合适？（　　）

A. 一人一椅随便坐　　B. 六人坐一桌

C. 并坐成三排　　D. 半圆形围坐

3. 牛牛在活动中被邀请到小余老师面前进行互动，离开座位的时候他由于太过兴奋而碰倒了椅子，这时候小余老师应该（　　）。

A. 请旁边的小朋友帮牛牛扶起椅子

B. 自己上前扶起椅子

C. 请牛牛扶起椅子并提示牛牛离开座位的时候要先收椅子

D. 不管倒在地上的椅子先和牛牛互动

任务五　体育活动中的安全

任务背景

老师正在和幼儿开展体育活动“烤香肠”，小朋友们躺在垫子上从一端滚到另一端，老师在垫子前来回走动，手里做出“撒盐”的动作。文文每次都想被“盐”撒到，于是他故意停在垫子中间左右翻滚，引起了其他幼儿的不满。

如果你是老师，你注意到文文的行为存在哪些安全隐患？你会怎样处理呢？

任务目标

课前预习

1. 了解身体控制和平衡能力、身体移动能力、器械（具）操控能力的基本概念。
2. 知道体育活动中可能存在的安全隐患。
3. 能够针对不同类型的体育活动对幼儿进行安全照护。
4. 具有安全意识，知道幼儿运动中预防事故发生的重要性。

任务准备

1. 具备日常生活中的安全隐患意识。
2. 知道托幼机构体育活动的基本安全要求。

任务实施

步骤一　技能示范

为了规避“任务背景”活动中的安全隐患，教师应做到以下几点。

（1）活动前告知幼儿今天活动的名称及规则，并检查幼儿的衣物，确定幼儿服装合适且未携带硬物以后，带领幼儿前往活动场地。

（2）选择一处平坦开阔的小运动场，场地上提前铺好两块大的垫子。

（3）带领幼儿做完热身运动，向幼儿演示侧滚翻的动作，并讲解动作要领及翻滚时的注意事项，例如，所有人要朝同一个方向躺在垫子上、从左往右依次翻等。

（4）请几名幼儿先试翻一次，再针对幼儿刚才正确的和不正确的翻滚方

2-5-1

法分别进行评价，并强调幼儿在翻滚时要与同伴保持距离。

（5）将幼儿分成两组，主班教师与配班教师各指导一组幼儿开始活动。

（6）在活动中来回“撒盐”，一边走动一边指导幼儿的翻滚动作。在看到文文停在垫子中间左右翻滚导致其他幼儿被挤到一边的时候，教师应停下“撒盐”的动作，抓住这个契机对幼儿进行一次安全教育，引导幼儿说一说文文的行为会有哪些危险，再让文文说一说翻滚的时候应该怎么做。

（7）活动结束后带着幼儿进行放松运动，并对幼儿活动中的表现进行简单的点评，尤其对安全有序地参加活动的幼儿进行表扬。

（8）引导班级幼儿一起合作把垫子收好，带领幼儿回到教室。

◎小贴士

不同年龄段的幼儿翻滚时教师可以对其进行哪些不同的引导？

对于年龄较小的幼儿，教师可以扶住其双脚，帮助幼儿在垫子上翻滚；对于年龄较大的幼儿，教师可以在一旁观察，让幼儿在有节奏的口令或音乐的引导下连续翻滚。

▼ 步骤二　知识梳理

一、幼儿基本运动能力的概念

（一）身体控制和平衡能力

身体控制能力指的是个体控制身体在空间中的位置，使其既保持稳定又具有一定方向性的能力。其中方向性有垂直和水平两个方向，而稳定也就是我们通常所说的平衡。不同领域中的“平衡”其内涵也各不相同，本项目中的平衡主要指运动学领域的平衡。平衡能力有很多种，根据不同的维度可以将其分成不同的类型，本项目中我们根据以下三种维度将平衡能力分类。

（1）根据不同的运动状态，可以将平衡能力分成静态平衡和动态平衡。前者主要指通过支撑面保持相对静止，如“金鸡独立”；后者则包括了所有在运动情况下保持住的身体的直立平衡。

（2）根据支撑点与重心的上下位置关系，可以将平衡能力分成上支撑平衡和下支撑平衡。支撑点在重心上面的为上支撑平衡，如悬垂；支撑点在重心下面的为下支撑平衡，如手倒立。

（3）根据平衡能力主导学习者的差异，可以将平衡能力分成幼儿主导学

习的平衡能力和教师主导学习的平衡能力。前者主要是通过幼儿的探索和发现来获得，包括转身、扭动、闪躲等平衡能力；后者主要是通过高结构的运动开展，如转移重心、保持平衡、立定跳着地、翻滚等平衡能力。

（二）身体移动能力

身体移动能力是指个体独立地将自己的身体从一处安全移动到另一处的能力，它通常具备三个特征：行进、身体控制和适应。行进指的是使身体有目的地朝某一方向移动；身体控制指的是平衡；适应指的是随着环境的变化调节动作和状态。以跨跳为例，其必要特征包括：发起动作使身体朝某障碍物移动（行进）；确保重心稳定地从一只脚移动到另一只脚（身体控制）；当接触面的平坦度、软硬度，或障碍物的间距改变时，需要相应地调整跨跳的速度、步幅或运动策略（适应）。身体移动能力（无器械）的基本内容包括：走、跑、跳、钻、爬、躲闪等。

（三）器械（具）操控能力

器械（具）操控能力是指通过各种方式作用于目标物体并使其物理状态发生改变的能力。操控物体的方式有很多，如拍、投、抛、接、踢、击、顶、踩、踏等；改变物体的物理状态主要指使物体的位置、运动方向、速度等方面发生改变。

二、体育活动中的安全隐患

（一）场地中存在的安全隐患

有些场地本身存在安全隐患，如地面有尖锐突起、场地周围多棱柱等。还有一些场地本身没问题，但不适合开展相关的体育活动，如光滑的瓷砖地面不适合走平衡木、狭窄的场地不适合开展器械操控类活动等。

（二）器械等材料中存在的安全隐患

器械中存在的安全隐患大致有两种：一种是器械本身有破损或缺陷，如平衡木木板出现裂缝、翻滚用的垫子被磨损得过薄、攀爬架上的钉子裸露等；另一种是教师对器械的选择不当，如为低年龄段的幼儿提供单双杠、用铁罐来充当梅花桩、为不熟悉投掷动作的幼儿提供坚硬材质的投掷物品等。

（三）教学内容中存在的安全隐患

首先，设计的教学内容不科学，教师并没有从幼儿的身心特点出发设计活动内容，使活动存在安全隐患。例如，在幼儿还不能熟练走跑时就开展急跑骤停的活动，导致幼儿身体站不稳而摔倒。其次，教学指导中也存在安全隐患。在一些运动活动中，教师可能会选择多样化运动方式的教学策略，却不对动作进行分解和示范，在开展不同类型的体育活动时没有给幼儿有针对性的指导，导致幼儿在活动中动作不到位而发生安全事故。最后，教学内容中还有一个很大的安全隐患就是缺乏安全教育，安全教育不应该只存在于安全活动中，而应具体化、常态化，应该贯穿于体育活动的始终。

（四）其他安全隐患

（1）着装不当。服装方面的安全隐患很容易被忽视，却潜藏着无法预判的危险。例如，幼儿翻滚时可能因为穿着太长的裙子或太大的衣服而被别人压住，走平衡木时很可能会因鞋带松动而被绊倒，钻爬时还可能被外衣帽子上的细绳卡住脖子而导致窒息。教师也要穿着得当，以舒适方便为主，尽量着运动装，鞋跟不宜过高，以免幼儿发生意外时不能给予及时救助。

（2）运动过量。有些教师为了锻炼幼儿的体能，喜欢安排较多的体育活动，在运动中统一要求，不考虑个体差异。幼儿正处于生长发育期，长时间、大量的运动不仅会对幼儿的身体造成伤害，还可能使幼儿因心脏负担过重而发生晕厥，甚至猝死。

三、体育活动中的安全照护

（一）环境与材料方面的安全照护

1. 提前观察检测，排除体育场地与器械中的安全隐患

组织体育活动前，教师要熟悉活动内容和活动路线，包括选哪个场地、用什么器械、如何操作、活动的范围、活动的路线等。教师应进行实地考察，检查场地和器械本身是否存在安全隐患，预判幼儿在操作器械时场地周边是否存在安全隐患，并采取措施及时排除隐患或上报托幼机构负责人进行检修。

保育师国家职业技能鉴定考试题库

【选择题】保育员在进行室外活动的场地、材料的准备和收拾整理工作中的注意事项是：(　　) 和做好保护性措施。

A. 调动儿童的活动积极性　　B. 与儿童共同游戏

C. 安全第一　　D. 加强与教师的沟通

2. 根据教学内容选择合适的场地与器材

为了进一步提高幼儿体育活动的安全性，教师应对幼儿的活动场地及器材进行合理规划。例如，急跑骤停、踩高跷等活动应该选择较宽的、空旷的、没有障碍物的场地，以防止幼儿互相碰撞或撞到障碍物而受伤；侧滚翻活动中应为幼儿提供长度和宽度足够的垫子；用于抓抢和投掷的物体质地要柔软，以防砸伤幼儿；负荷较大的跑跳等活动应该在松软的场地上进行等。

（二）教学内容与组织形式方面的安全照护

1. 选择安全且适宜的教学内容，进行针对性指导

教师要根据幼儿身心发展特点，为其选择适宜的教学难度和内容，安排适量的运动，避免过度训练。在此基础上，教师还要结合所选教学内容，考虑幼儿在体育活动中的安全性，预判可能存在的安全隐患，以便教学内容在实际操作中更安全可行。托幼机构中的体育活动类型丰富，不同类型的活动需要教师提供有针对性的内容及指导。

不同类型活动的安全指导

2. 结合运动要求开展安全教育

开展体育活动前，教师需让幼儿明确本次体育活动的内容和具体要求，幼儿只有在明确活动规则和安全要求的基础上才能有序且快乐地参加体育活动。例如，排队上下滑梯，不逆行、不侧翻；不在摆动的秋千、荡绳附近走动等。在活动过程中，教师要加强对幼儿的看护，关注幼儿的动作状况和行为表现，时刻提醒幼儿注意安全。活动结束时，教师应对当天幼儿遵守规则的情况进行评价，强化幼儿的规则意识和自我保护意识。

教师还要帮助幼儿在不同的体育活动中学习和积累各种科学合理地开展体育活动的方法及经验，如拿取器材不争抢、运动中不碰撞同伴、当自己的身体将要被碰撞时会避让等，不断发展幼儿的自我保护意识和能力。

3. 采取简明、科学的教学方法和组织方式

体育教学方法应该简单化、游戏化，教师要将动作要领中抽象的专业术语转化为有趣的、易于幼儿理解的游戏术语并配合直观的动作示范。组织方式要简明，对幼儿活动路线图的设计要科学，如幼儿排成两列走平衡木时，返回的路线应该统一规划在队伍外侧，这样才能有效减少碰撞。

（三）其他方面的照护

活动前教师要询问幼儿或家长，了解幼儿的身体健康状况，清楚幼儿是否存在不适宜剧烈运动的状况，如患有心血管、呼吸道等疾病。同时，也要检查幼儿的衣物，如衣服长短是否适宜、口袋是否藏有硬物、是否穿戴了吊坠饰品或发夹等不便于运动的用品，还要检查幼儿口中是否含着食物等。

保育师国家职业技能鉴定考试题库

【选择题】组织外出活动或交接班时，要清点人数，防止幼儿（　　）。

A. 丢失　　B. 摔倒　　C. 打架　　D. 乱跑

▼ 步骤三　牛刀小试

实训活动1 模拟问答

说一说身体控制和平衡活动中有哪些需要注意的安全隐患

1. 小组问答。全班同学以 6 人为一小组，围绕“身体控制和平衡活动中有哪些需要注意的安全隐患”这个主题每人提问 1 次，回答 1 次，并填写表 2-5-1。

2. 进行两轮模拟问答。小组内 2 人一组进行模拟问答，其余同学观看，教师对需要总结、优化的问题进行总结评价。

表 2-5-1　小组成员问答分配表

成员	问题 1	问题 2	问题 3	问题 4	问题 5	问题 6
成员 1	问	答				
成员 2	答	问				
成员 3			问	答		
成员 4			答	问		
成员 5					问	答
成员 6					答	问

实训活动2 讨论

身体移动活动中的安全隐患与预防

1. 全班同学以 6 人为一小组，讨论身体移动活动中存在的安全隐患、可能对幼儿造成的伤害以及解决的办法。

2. 每组填写表 2-5-2 后汇总给教师。

3. 教师挑选典型问题，细化应对方法及预防措施，再为同学们讲解。

表 2-5-2 实训活动记录表

小组序号		小组名称		组长	
小组成员					
讨论要点记录	身体移动活动中的安全隐患				
	可能对幼儿造成的伤害				
	应对方法及预防措施				

实训活动3 案例列举

器械（具）操控活动案例

1. 全班同学以 6 人为一小组，收集托幼机构中由于器械（具）操控不当发生安全事故的案例。

2. 找出案例中安全事故发生的原因并有针对性地提出预防措施。

3. 将案例汇总至教师处，教师挑选典型案例，细化应对方法及预防措施，再为同学们讲解，并填写表 2-5-3。

表 2-5-3 实训活动记录表

小组序号		小组名称		组长	
小组成员					
案例名称	安全事故大致经过		安全发生事故的原因	预防措施	

▼ 步骤四 任务实施评价

所有小组均要对本组和其他小组的实训活动 1 进行讨论评价，并记录在表 2-5-4 中。

2-5-7

表 2-5-4 任务评价表

实训内容	评价要素	建议评价标准
模拟问答：身体控制和平衡活动中有哪些需要注意的安全隐患	（1）能积极思考身体控制和平衡活动中有哪些需要注意的安全隐患 （2）能针对身体控制和平衡活动的具体类型说出其可能存在的安全隐患 （3）回答全面、具体 （4）问答时反应迅速、沉着应对 （5）知道在身体控制和平衡活动中该如何预防安全事故的发生	全部达成（8 ~ 10 分） 4 ~ 5 点达成（6 ~ 8 分） 2 ~ 3 点达成（3 ~ 5 分） 1 点及以下达成（0 ~ 2 分）
自我评价及评分：		
组内评价及评分：		
教师评价及评分：		
综合评分：自我评分（20%）+ 组内评分（30%）+ 教师评分（50%）=		

所有小组均要对本组和其他小组的实训活动 2 进行讨论评价，并记录在表 2-5-5 中。

表 2-5-5 任务评价表

实训内容	评价要素	建议评价标准
讨论：身体移动活动中的安全隐患、可能对幼儿造成的伤害、应对方法及预防措施	（1）能积极思考身体移动活动中有哪些需要注意的安全隐患 （2）能针对身体移动活动的具体类型说出其可能存在的安全隐患 （3）能针对不同的安全隐患说出可能对幼儿造成的伤害 （4）能针对具体的伤害说出解决办法 （5）知道在身体移动活动中该如何预防安全事故的发生	全部达成（8 ~ 10 分） 4 ~ 5 点达成（6 ~ 8 分） 2 ~ 3 点达成（3 ~ 5 分） 1 点及以下达成（0 ~ 2 分）
自我评价及评分：		
组内评价及评分：		
教师评价及评分：		
综合评分：自我评分（20%）+ 组内评分（30%）+ 教师评分（50%）=		

所有小组均要对本组和其他小组的实训活动 3 进行讨论评价，并记录在表 2-5-6 中。

表 2-5-6 任务评价表

实训内容	评价要素	建议评价标准
收集托幼机构中器械（具）操作不当案例	（1）能积极运用互联网、报纸等手段收集相关案例 （2）对于案例中事故发生的原因有自己的分析和判断 （3）能针对案例中事故发生的原因提出预防措施 （4）提出的预防措施全面、具体 （5）知道在器械（具）操控活动中该如何预防安全事故的发生	全部达成（8 ~ 10 分） 4 ~ 5 点达成（6 ~ 8 分） 2 ~ 3 点达成（3 ~ 5 分） 1 点及以下达成（0 ~ 2 分）
自我评价及评分：		
组内评价及评分：		
教师评价及评分：		
综合评分：自我评分（20%）+ 组内评分（30%）+ 教师评分（50%）=		

◎育婴专栏

0 ~ 3 月龄的婴儿背部肌肉和颈部力量的发育非常迅速，在其运动过程中照护者要关注婴儿头部和颈部的安全，避免因运动场地、服饰或运动量的不适宜对婴儿发展造成损伤。婴儿 4 月龄后，随着背部和颈部肌肉力量的逐渐加强，其逐渐开始学习“坐起”，照护者需要随时关注婴儿的运动情况，及时保护婴儿的头、颈、腰、背，以便其在坐起时保持稳定和直立。婴儿在运动时会用手将感兴趣的东西放入口中，照护者需要时刻关注婴儿运动场地中材料的安全，具体请参照项目二任务三“游戏活动中的安全”。

思考提升

问答题：

1. 改变运动方向时，幼儿的平衡能力会发生变化。你同意这种说法吗，为什么？

2. 幼儿挑战从高处向下纵跳时，是不是能从越高的地方跳下就意味着越厉害呢？

3. 请从场地、材料、教师观察与指导等方面思考如何在幼儿投掷活动中避免安全事故的发生。

任务六　大型集体活动中的安全（选学）

课前预习

任务六内容

项目三

幼儿常见急症救助

一个春暖花开的日子，大班的幼儿正在进行户外散步活动。走着走着，班上的小峰突然大哭起来，老师赶紧走过去，一看才知道小峰被花丛里的蜜蜂蜇伤了，手上已经肿起了红色的大包。如案例中这种突发的、紧急的、需要及时救治的各种病症就是急症。本项目选取了五种常见的幼儿急症进行介绍，可以帮助照护者在幼儿突发急症时快速进行识别和科学救助，减少急症对幼儿健康和生命安全带来的损害。

知识目标

1. 了解急症救助的相关概念及意义。
2. 掌握幼儿急症救助的基本步骤。
3. 了解幼儿呼吸困难、惊厥、晕厥、过敏、叮咬伤这五种常见急症的发生原因、救助处理方法和预防措施。

技能目标

1. 能在实训活动中模拟急症事件发生后的救助处理流程。
2. 能在实训活动中完成对幼儿呼吸困难、惊厥、晕厥、过敏、叮咬伤的救助处理流程。
3. 能针对幼儿开展适宜的安全教育，并与家长合作共同应对常见的急症。

素质目标

1. 具有安全意识，树立“安全第一、预防为主”的思想，在操作中关心和爱护幼儿。
2. 加强学生对幼儿照护的职业认知，树立科学的照护观，强化责任意识和师德师风教育。

任务一　急症救助的意义及步骤

任务背景

要去做早操了，教室里的幼儿突然喧闹起来，原来是小马晕倒了。老师发现小马满头大汗，双眼紧闭，便立即打电话给小马家长、园长和保健医生，并对小马进行了晕厥的初步救助处理，随即带着小马去医院进行了治疗。家长在接到老师的电话后也赶到了医院，医生向家长说明了处理的方法。家长反馈可能是早上时间太紧小马没有吃早饭而引发的低血糖。医生提醒家长为了幼儿的健康一定要让其吃早饭。

如果你是这位老师，你可以对小马的晕倒进行初步的急症救助处理吗？

任务目标

1. 了解急症救助的相关概念及意义。
2. 掌握幼儿急症救助的基本步骤。
3. 在实训活动中模拟急症事件发生后的救助处理流程。
4. 具有安全意识，树立“安全第一、预防为主”的观念。
5. 加强幼儿安全照护的职业认知，树立科学的照护观。

课前预习

任务准备

准备手机、急症救助记录表、医生服装。

任务实施

步骤一　技能示范

急症发生后，托幼机构的教师应怎么做呢？

（1）观察现场，做好自我防护。教师首先观察现场是否安全，如果是危险环境，立即排险或者转移患儿，再对其进行救助。接触患儿时需要做好自我防护，规避感染风险。

（2）看管其他幼儿。教师对患儿进行急症救助时，也要妥善安排好其他幼儿的看管工作。

3-1-1

（3）观察评估。教师在实施急症救助之前，需要对患儿进行观察评估，判断是否需要立即拨打急救电话。首先，进行外观检查，观察有无外伤及意识障碍；其次，进行呼吸检查，观察是否有呼吸困难和异常呼吸；最后，检查血液循环，观察是否有皮肤颜色异常，按压指甲查看血液回流情况（按压指甲至按压部位苍白，放开后在两秒内恢复原有血色为循环正常）。整个观察过程通常为 15 ～ 30 秒。意识障碍、呼吸异常、循环障碍都是危险情况，需要立即拨打急救电话。

（4）检查身体。教师检查患儿的顺序为：双手轻贴患儿头部检查有无肿胀、凹陷或出血等情况；从枕后沿着脊柱向下轻柔、迅速地触摸，检查是否有肿胀和变形；双手轻按患儿胸部两侧，检查两侧呼吸运动是否对称，胸廓是否有变形和异常活动；轻按患儿腹部，检查腹部柔软度，是否有包块和压痛。此外，还应注意患儿是否有骨盆、四肢以及脊柱的损伤。

（5）实施急症救助。对于不同类型的患儿救助方法各不相同。病情较轻的应先进行急症救助再评估是否需要拨打急救电话，病情严重的应在进行急症救助的同时拨打急救电话，病情无法判断时需立即拨打急救电话，等待专业医护人员的急救。在急救现场判断病情轻重的依据有二：根据发生意外的原因判断；根据伤者的情况判断。而根据伤者的情况判断主要是指依据呼吸的变化、脉搏的变化、瞳孔的变化来判断病情的轻重，从而采取正确有效的急救措施。脉搏的变化是判断病情轻重的一个重要指标。垂危患儿的脉搏由规则节律的跳动变得细快而慢或节律不齐，说明心脏功能和血液循环出现了严重障碍。一旦心跳停止，应立即做胸外心脏按压。

（6）通知家长。教师尽快通知患儿家长，与家长沟通时保持镇静，并告诉家长患儿发病的经过，以及教师采取的措施。

（7）与幼儿沟通。关怀患儿的身心健康，同时对其他目击或参与的幼儿进行心理疏导。

（8）记录。填写急症救助的事件报告，包括患儿发病过程、救助情况和最终结果等。

▼ 步骤二　知识梳理

保证幼儿的生命安全是托幼机构的头等大事。由于生活中无处不在的危险因素以及幼儿的年龄特点，幼儿时常可能会发生呼吸困难、惊厥、晕厥、过敏、叮咬伤等急症，且往往无法控制和避免。事故发生后，若教师能及时采取一系列正确的救助措施，便能够减少对幼儿身体的伤害。

一、急症救助的概念

急症救助是指在医护人员到达之前，对受伤或突然患病的幼儿采取及时正确的救助措施，从而起到减轻或控制伤害的作用。

二、急症救助的意义

（1）在医护人员到来之前，为幼儿提供及时、快速、正确的急症救助，是抢救幼儿生命、降低伤害程度、抑制伤害扩大的关键。

（2）托幼机构的照护者掌握急症救助的相关知识和能力，不但能提高对幼儿意外伤害及常见急症的识别能力，还能提高在危急时刻随机应变、临危不乱的能力。

（3）及时、规范的急症救助可以避免托幼机构的照护者与幼儿家长之间发生不必要的误解和纠纷。

三、急症救助的注意事项

（1）急症发生后，无论病情是否严重，教师都应第一时间做出相应措施，并尽快通知幼儿家长，告诉家长幼儿发生了什么情况。如果幼儿已经被送往急救中心，则需要告诉家长是哪家医院；告诉家长幼儿在托幼机构已经接受的紧急救助情况、目前谁在陪护等。

（2）事件处理结束后，责任教师需要填写该事件报告。报告应详细记录幼儿急症发生的情况、进行急症救助和联系的情况，以及幼儿的最终情况。仔细、及时地进行时间记录非常重要，有助于保证记录内容的客观准确性。

四、急症救助的误区

（1）事故发生后，教师不可惊慌失措、大喊大叫，应镇定地对幼儿采取急救措施。

（2）如果现场不安全，需要转移幼儿，原则是不挤压、不扭曲、不负重，比如胸部受伤或哮喘的幼儿不应使用背法转移；下肢受伤的幼儿不应搀扶转移；怀疑有脊柱损伤的幼儿在移动时一定注意保持其脊柱的稳定，不要发生任何方向的扭曲，以免造成二次伤害。在此原则上，可以根据实际情况使用转移方法。

▼ 步骤三　牛刀小试

实训活动　小组情景演练

模拟幼儿急症救助

1. 情景演练观摩。指定 5 名学生进行角色模拟，分别扮演患儿、教师、保健医生、医院医生、家长。

（1）托幼机构的教师发现一名幼儿突发伤病，患儿描述伤病的症状。教师针对患儿的症状进行救助处理。

（2）在处理过程中，教师或保健医生需要采取正确的方法实施救助。

（3）教师需要尽快通知患儿家长，并告诉家长伤病发生的经过，以及采取的措施。

（4）若患儿伤病无法得到控制，需要及时送往医院。教师和保健医生需要向医院医生描述患儿伤病发生时间、症状、已采取的应急措施及效果。

（5）处理结束后，教师填写急症救助的事件报告，包括患儿发病过程、救助情况和最终结果等。

（6）在情景演练过程中，其余学生观摩并记录。演练结束后，观摩学生指出参与角色扮演的学生做得好的地方和不够好的地方。

2. 小组实训演练。班级其他学生以 6 人为一小组演练以上情景，其中 5 人进行情景演练，1 人观摩记录。小组演练结束后进行组内讨论、总结，然后轮换角色再次演练、总结，并将实训过程记录在表 3-1-1 中。

表 3-1-1　实训活动记录表

<table>
<tr><td>小组序号</td><td></td><td>小组名称</td><td></td><td>组长</td><td></td></tr>
<tr><td>小组成员及分工</td><td colspan="5"></td></tr>
<tr><td>情景演练观摩要点记录（记录观摩中的想法、思考等）</td><td colspan="5"></td></tr>
<tr><td>小组实训演练总结（记录实训演练的步骤、遇到的难题、如何解决、收获等）</td><td colspan="5"></td></tr>
</table>

▼ 步骤四 任务实施评价

所有小组均要对本组和其他小组进行讨论评价，并记录在表 3–1–2 中。

表 3–1–2 任务评价表

实训内容	评价要素	建议评价标准
幼儿急症的救助与处理	（1）能观察救助现场是否安全 （2）能对患儿进行观察评估，确定是在园内应急处理还是送医救治 （3）能对不同类型的患儿实施急症救助 （4）会和家长沟通患儿伤病情况及处理情况 （5）知道关怀患儿的身心健康 （6）能填写急症救助的事件报告	全部正确（8 ~ 10 分） 4 ~ 5 点正确（6 ~ 8 分） 2 ~ 3 点正确（3 ~ 5 分） 1 点及以下正确（0 ~ 2 分）
自我评价及评分：		
组内评价及评分：		
教师评价及评分：		
综合评分：自我评分（20%）+ 组内评分（30%）+ 教师评分（50%）=		

思考提升

单项选择题：

1. 幼儿突发伤病后，教师可通过初步评估其生命体征来判断其伤情，具体包括（　　）。

A. 呼吸、意识状态、血液循环状态　　B. 呼吸、脉搏、血压

C. 意识状态、行动能力、脉搏　　D. 呼吸、意识状态、语言表达

2. 下列紧急情况中，会很快威胁幼儿生命并需要拨打 120 急救电话的是（　　）。

A. 幼儿脚踝扭伤　　B. 幼儿发生鼻出血

C. 幼儿发生窒息　　D. 幼儿被猫抓伤

3. 下列意外伤病场景中，提示现场环境安全的是（　　）。

A. 患儿附近有蜂窝　　B. 患儿身边有裸露电线

C. 患儿所处环境中有刺鼻气体　　D. 患儿在上课时鼻出血

任务二　呼吸困难的原因、预防及救助方法

任务背景

午休时，老师发现好几个小朋友不仅没有睡着，还在咯咯地偷笑。原来是丁丁把头缩到了棉毛衣里，正扭动着身体想把头钻出来。老师赶紧走过去帮助丁丁。只见丁丁气喘吁吁，满脸通红，头发也被渗出的汗水打湿了。

同学们，如果你是老师，你会怎么帮助丁丁呢？

任务目标

1. 了解幼儿呼吸困难的原因、预防及救助方法。
2. 能模拟为呼吸困难的幼儿实施救助处理。
3. 具有安全意识，树立“安全第一、预防为主”的观念。
4. 重视生命安全教育，树立科学的照护观。

课前预习

任务准备

准备手机、医生服装、幼儿人体模型。

任务实施

▼ 步骤一　技能示范

“任务背景”案例中，丁丁出现了呼吸困难的症状，教师应怎么做呢？

1. 观察现场，做好自我防护

教师应快速观察现场，确保幼儿所处环境安全。如果所处环境有危险因素，应立即将幼儿转移到安全位置。

2. 判断呼吸困难原因，并迅速做出急救措施

教师应观察患儿意识状态、血液循环状态等。若患儿意识不清，但是仍有呼吸，则立即使其侧卧，并拨打 120 急救电话，患儿若情况稳定可立即送往医院急救；若患儿已无意识和呼吸，应立即呼救，为患儿实施心肺复苏术，同时寻找附近的自动体外除颤仪（AED）对患儿进行救助。

◎小贴士

心肺复苏术（CPR）是指在人的心搏骤停后通过胸外心脏按压以及人工呼吸的方式，暂时恢复大脑供血以及肺部气体交换的急救方法。由于心搏骤停后大脑缺氧，4～6分钟脑细胞出现不可逆的死亡，10分钟左右脑细胞可能死亡殆尽，因此，现场第一发现人正确地对患者进行心肺复苏、实施抢救至关重要，如果附近有AED，尽快使用AED更是挽救生命的重要一环。CPR和使用AED应该成为所有托幼机构工作人员必须掌握的技能（详见项目五任务十四“溺水应急处理方法及预防”）。

▼ 步骤二　知识梳理

幼儿呼吸困难也称呼吸窘迫，主观上表现为感到空气不足、呼吸费力，或是客观上表现为辅助呼吸机参与呼吸运动。临床常见表现为呼吸过快或过慢、呼吸过深或过浅、喘息、呻吟、点头、上气不接下气等。当呼吸困难严重时，患儿可出现张口呼吸、鼻翼翕动，甚至皮肤发绀等体征。幼儿呼吸系统的解剖结构和生理功能发育不完善，发生呼吸困难后容易发展为呼吸衰竭，从而导致心搏骤停等严重并发症。如果幼儿出现上述呼吸困难等症状，应首先查看原因，判断是否需要立即施救，以免危及生命。

一、呼吸困难的常见原因

1. 呼吸道的疾病

大部分的幼儿出现呼吸困难都是由于呼吸系统感染。例如，上呼吸道感染引起的急性喉炎、急性会厌炎等；下呼吸道感染引起的哮喘急性发作、急性肺炎、支气管炎等。若是哮喘急性发作，教师应在获得家长允许后立即施以支气管舒张剂喷剂缓解患儿症状，然后及时将患儿送往医院就诊。

2. 呼吸系统以外疾病

心脏疾病、严重的心力衰竭、肾病合并胸腔积液或者腹水也都可能造成幼儿呼吸困难。

3. 过敏反应

幼儿若接触过敏原进而发生喉梗阻、支气管痉挛等严重的过敏反应，也会造成呼吸困难。

4. 上呼吸道堵塞

有异物（如花生、果冻、弹珠或呕吐物等）进入堵塞上呼吸道，也是幼儿呼吸困难的常见原因。如果是异物梗阻引发的呼吸困难甚至呼吸停止，应在第一时间对患儿进行抢救，可参考表 5-12-1“幼儿异物梗阻的处理方法”和表 5-12-2“幼儿窒息典型症状、评估判断和应急处理方法”进行应急处理，并等待救护车前来。气管、支气管进入异物，多见于 5 岁以下的幼儿。若气管有异物时，常会表现出呛咳、吸气性困难、憋气、面色青紫等症状。

保育师国家职业技能鉴定考试题库

【选择题】气管、支气管进入异物，多见于 5 岁以下的幼儿。若气管有异物时，常会表现出呛咳、(　　)、憋气、面色青紫等症状。

A. 不说话　　B. 不吃东西　　C. 微笑　　D. 吸气性困难

5. 其他原因

当幼儿颈部长时间受到外部压力（如勒颈或悬颈等）时也会发生呼吸困难。

二、如何预防呼吸困难

1. 注意气候变化

季节交替时天气常常多变，幼儿容易感冒发烧引起呼吸道疾病。因此，托幼机构教师和家长都应及时为幼儿调整衣物，以防感冒。

2. 避开过敏原

幼儿接触过敏原也可能会发生呼吸困难。因此，教师要尽量让幼儿避开过敏原。

3. 避免去空气污染的地方

受污染的空气（如二手烟、化工厂废气等）中含有大量有害物质，易引发幼儿上呼吸道感染。幼儿在日常生活中应避免去空气污染的地方。

4. 做好安全教育工作

托幼机构的教师应做好安全教育工作，并对有潜在危险的食物和异物进行有效管理，避免幼儿误食。教师和家长还应尽量为幼儿排除环境中其他可能造成幼儿呼吸困难的因素，如不要让幼儿穿有线绳的衣物，阳台栏杆缝隙应小于 20 厘米，以免幼儿脖颈卡住造成呼吸困难。

5. 多做呼吸操

教师和家长应多带领幼儿做呼吸操，锻炼其呼吸肌力和耐力，改善其呼吸频率。

6. 掌握幼儿相关疾病史

托幼机构教师应在幼儿入园时掌握其相关疾病史，尤其是哮喘、反复性肺炎、过敏性鼻炎、先天性心脏病等可能引发呼吸困难症状的疾病，并及时与保健医生和幼儿家长做好沟通工作。

三、呼吸困难救助的注意事项

（1）由于幼儿尚无法描述或者准确表达自己的主观感受，甚至有很多幼儿在发生窒息时表现为呆愣、躯体僵硬等，因此托幼机构教师应在一日生活中细心观察留意每个幼儿，特别是患有先天性心脏病、呼吸道感染等疾病的幼儿。

（2）教师应观察幼儿口中是否有易于取出的异物，但不要盲目地用手指在幼儿口腔里乱抠，这样有时反而易把异物推入气道内。

四、呼吸困难救助误区

（1）当幼儿呼吸困难的症状较轻或得到缓解时，教师不能掉以轻心，应持续观察幼儿状态，并且迅速将幼儿送往医院救治，以免延误病情。

（2）当幼儿因呼吸困难发病昏迷时，切忌让其仰卧，以免造成舌根后坠，从而堵塞气道，仰卧也容易使口腔分泌物等异物进入呼吸道而引起窒息。

▼ 步骤三　牛刀小试

实训活动　小组情景演练

模拟应对幼儿呼吸困难

1. 情景演练观摩。指定 5 名学生进行角色模拟，分别扮演呼吸困难的幼儿、教师、保健医生、医院医生、家长。

（1）教师发现一名幼儿呼吸困难，针对其症状进行相应处理。

（2）在处理过程中，教师需观察现场，确保患儿所处环境安全。

（3）在处理过程中，教师需观察患儿口腔内是否有易于取出的异物，若有应立即拍背或击打背部，尽快取出异物。

（4）在处理过程中，教师需对患儿进行呼吸急救，若患儿出现呼吸衰竭或停止，需对其进行心肺复苏。

（5）在情景演练过程中，其余学生观摩并记录。演练结束后，观摩学生指出参与角色扮演的学生做得好的地方和不够好的地方。

2. 小组实训演练。班级其他学生以 6 人为一小组演练以上情景，其中 5 人进行情景演练，1 人观摩记录。小组演练结束后进行组内讨论、总结，然后轮换角色再次演练、总结，并将实训过程记录在表 3-2-1 中。

表 3-2-1　实训活动记录表

小组序号		小组名称		组长	
小组成员及分工					
情景演练观摩要点记录（记录观摩中的想法、思考等）					
小组实训演练总结（记录步骤、遇到的难题、如何解决、收获等）					

▼ 步骤四　任务实施评价

所有小组均要对本组和其他小组进行讨论评价，并记录在表 3-2-2 中。

表 3-2-2　任务评价表

实训内容	评价要素	建议评价标准
幼儿呼吸困难的救助	（1）能快速观察现场，确保患儿所处环境安全 （2）能判断患儿是否发生了异物梗阻，并正确抢救 （3）能正确判断患儿的意识和呼吸状态，立即呼救和拨打 120 急救电话 （4）对于意识不清的患儿，能观察其口腔内是否有易于取出的异物，能正确取出异物 （5）能正确进行 CPR 和使用 AED （6）知道患儿症状缓解后应对其保持密切关注 （7）会和家长沟通患儿呼吸困难情况及处理情况 （8）知道在幼儿一日生活中该如何预防呼吸困难	全部正确（8 ~ 10 分） 5 ~ 6 点正确（6 ~ 8 分） 3 ~ 4 点正确（3 ~ 5 分） 2 点及以下正确（0 ~ 2 分）
自我评价及评分：		
组内评价及评分：		
教师评价及评分：		
综合评分：自我评分（20%）+ 组内评分（30%）+ 教师评分（50%）=		

思考提升

单项选择题：

1. 午睡环节，寝室内仅张老师在看护幼儿，其余老师都在楼上参加会议。在巡视时，张老师发现毛毛脸色异样，经初步评估发现，毛毛已经没有意识，也没有自主呼吸。这时，张老师应（　　）。

A. 立即拨打 120 急救电话，然后把幼儿送往保健室

B. 立即大声呼救，并为幼儿实施心肺复苏术，同时尽快让他人拨打 120 急救电话

C. 立即抱起幼儿送往医院

D. 立即通知幼儿家长，让家长送幼儿去医院抢救

2. 为发生心搏骤停的幼儿实施心肺复苏术时，如果幼儿始终没有恢复意识及自主呼吸，现场救助人员应（　　）。

A. 放弃心肺复苏　　　　B. 立即将幼儿送往医院

C. 继续坚持心肺复苏　　D. 安静地等急救人员到来

3. 为幼儿进行人工呼吸时，每次吹气和换气的时间共约（　　）。

A. 0.5 秒　　B. 1 秒　　C. 2 秒　　D. 3 秒

任务三 惊厥的原因、预防及救助方法

任务背景

周日下午开始萌萌精神就不太好，没有以往活泼了。到了晚上，萌萌开始不吃不喝，还伴有发热，测量体温为39.4摄氏度。还没来得及去医院，萌萌就开始抽搐、两眼上翻，怎么叫她都没有反应，全家人都被吓到了……

同学们，你知道当幼儿发生惊厥时，应该如何进行急救吗？

任务目标

1. 了解惊厥的原因、预防及救助方法。
2. 掌握科学应对幼儿惊厥的救助方法。
3. 锻炼冷静应对急症的心理素质。

课前预习

任务准备

1. 准备灭菌纱布、压舌板、舌钳、吸痰器。
2. 准备医生服装。

任务实施

▼ 步骤一 技能示范

如果萌萌在托幼机构发生了惊厥，教师应该怎么做呢？

（1）疏散围观人员，保持空气流通。使患儿保持平卧位，松解其衣扣，头偏向一侧，使口腔中的分泌物能够从口角流出。可在患儿头下加垫，避免撞伤。

（2）保持患儿呼吸道通畅，若口鼻有分泌物或口腔有异物需立即清除。

（3）密切看护患儿呼吸，立即拨打120急救电话。

（4）待患儿状态平稳后，立即送往医院就诊。

◎小贴士

当幼儿发生惊厥时，不能掐其人中、用力按压其肢体等，以免造成继发损伤；不能往患儿口腔内塞东西，以免造成窒息；更不能喂水、喂食，以免误入气管造成窒息。

▼ 步骤二 知识梳理

惊厥俗称“抽风”，是幼儿常见的急症。惊厥通常突然发作，表现为意识丧失、两眼上翻、口吐白沫、口唇发紫，全身或局部出现肌肉抽搐，有时大小便失禁（如图 3-3-1 所示）。发作持续时间长短不一，大多可自行停止，短则几秒钟，长则持续数分钟或更长。一般短暂的惊厥对幼儿大脑几乎没有明显影响，但长时间持续惊厥会导致脑组织损伤，惊厥频繁发作或是出现惊厥持续状态，可能导致永久性神经系统损害，甚至威胁生命。

图 3-3-1 惊厥的表现

一、惊厥的常见原因

（1）由于幼儿大脑皮质发育尚未完善，皮层抑制功能较差，兴奋冲动易于泛化，引起异常的脑电活动，从而导致惊厥。

（2）高热是幼儿发生惊厥的最主要原因。由于幼儿体温调节功能尚不成熟，过分保暖，或是在炎热的夏天缺水，以及急性上呼吸道感染等均会引起发烧，而幼儿体温过高时则会伴有惊厥的发生。

（3）某些特殊疾病，如脑膜炎、败血症、颅内出血、颅内肿瘤等都是幼儿惊厥发生率高的原因。

（4）各种食物、药物等中毒，也会引起幼儿惊厥。

二、如何预防惊厥

1. 增强幼儿体质

托幼机构教师多带领幼儿到户外开展活动，室内要经常开窗通风，使幼儿身体机能适应环境，减少感染性疾病的传播和发生。

2. 加强幼儿营养

除增加奶类饮食以外，还应及时为幼儿添加辅食，比如富含钙、维生素 B1 和维生素 B6 以及各种矿物质等的食物，不能让幼儿长时间处于饥饿状态，以免发生低钙和低血糖性惊厥。

3. 合理谨慎用药

防止幼儿误服、错服、过量服药。

4. 加强看护

防止幼儿摔倒撞伤头部引起脑外伤，保育员切勿随意拍打幼儿头部。

5. 掌握幼儿相关疾病史

幼儿进入托幼机构前，保育员需要了解班上哪些幼儿有惊厥史，并应在日常工作中注意观察。对于有高烧惊厥史的幼儿，当其有发热症状时，要做好托幼机构各工作人员的交接工作。在一日生活的各个环节中，保育员都应密切观察发热患儿的精神和身体状况。

6. 反复惊厥需要就医进行系统检查与治疗

若患儿在短时间内反复惊厥，应及时送往医院进行系统检查并采取相应治疗措施。

三、惊厥救助的注意事项

（1）幼儿发生惊厥后，成人千万不要惊慌失措，不可大声疾呼，不能用力摇晃、拍打幼儿。在应对幼儿惊厥时，可将毛巾或手绢拧成麻花状放于幼儿上下牙之间，以免其咬伤舌头。不能往患儿口腔内塞东西，以免造成窒息。

（2）对高热惊厥患儿可采用物理降温措施。

（3）切忌在幼儿惊厥发作时给其喂药，以免造成窒息。密切看护，若患儿在急救人员到来之前发生心搏骤停，应立即实施心肺复苏术。

保育师国家职业技能鉴定考试题库

【判断题】在应对幼儿惊厥时，可将毛巾或手绢拧成麻花状放于幼儿上下牙之间，以免其咬伤舌头。（　　）

【选择题】幼儿发生惊厥后，成人千万不要惊慌失措，不可大声疾呼，（　　）。

A. 可以用力摇晃，不能拍打幼儿　B. 不能用力摇晃，可以拍打幼儿

C. 不能用力摇晃、拍打幼儿　D. 可以用力摇晃、拍打幼儿

▼ 步骤三　牛刀小试

实训活动　小组情景演练

模拟应对幼儿惊厥

1. 情景演练观摩。指定 5 名学生进行角色模拟，分别扮演惊厥患儿、教师、保健医生、医院医生、家长。

（1）教师发现一名幼儿惊厥，针对患儿症状进行救助。

（2）教师和保健医生需要将患儿及时送往医院。教师和保健医生需要向医院医生描述患儿惊厥发生时间、症状、已采取的救助措施及效果。

（3）教师通知家长，并向其介绍幼儿发生惊厥的情况及处理的方法。

（4）在情景演练过程中，其余学生观摩并记录。演练结束后，观摩学生指出参与角色扮演的学生做得好的地方和不够好的地方。

2. 小组实训演练。班级其他学生以 6 人为一小组演练以上情景，其中 5 人进行情景演练，1 人观摩记录。小组演练结束后进行组内讨论、总结，然后轮换角色再次演练、总结，并将实训过程记录在表 3–3–1 中。

表 3–3–1　实训活动记录表

小组序号		小组名称		组长	
小组成员及分工					
情景演练观摩要点记录（记录观摩中的想法、思考等）					
小组实训演练总结（记录步骤、遇到的难题、如何解决、收获等）					

▼ 步骤四　任务实施评价

所有小组均要对本组和其他小组进行讨论评价，并记录在表 3–3–2 中。

表 3–3–2　任务评价表

实训内容	评价要素	建议评价标准
幼儿惊厥的救助	（1）疏散人群，保持空气流通 （2）立即呼救并拨打 120 急救电话 （3）能使患儿平卧，松解其衣扣，将患儿的头偏向一侧 （4）能保持患儿呼吸道通畅，若口鼻有分泌物则立即清除 （5）患儿惊厥结束，状态平稳后，立即将其送往医院就诊 （6）会和家长沟通患儿惊厥情况及处理情况 （7）会判断惊厥持续状态，知道可能引发的后果 （8）如患儿发生心搏骤停，知道如何抢救 （9）知道在托幼机构一日生活中怎样预防幼儿惊厥	全部正确（8 ~ 10 分） 6 ~ 8 点正确（6 ~ 8 分） 3 ~ 5 点正确（3 ~ 5 分） 2 点及以下正确（0 ~ 2 分）

续表

自我评价及评分：
组内评价及评分：
教师评价及评分：
综合评分：自我评分（20%）+ 组内评分（30%）+ 教师评分（50%）=

思考提升

单项选择题：

1. 下列关于幼儿高热惊厥的救助措施，表述不正确的是（　　）。

A. 幼儿发热在 38 摄氏度以下时要及时吃退烧药

B. 家长和保育员要保持镇静

C. 采用物理方法为幼儿降温

D. 对 39 摄氏度以上高热的幼儿可用酒精擦拭身体

2. 记录幼儿惊厥发生和结束的时间很有必要，一般情况下，幼儿惊厥发作持续时间超过（　　）表明情况较严重。

A. 5 分钟　　B. 10 分钟　　C. 15 分钟　　D. 20 分钟

3. 下面关于幼儿惊厥的救助措施中，做法不妥的是（　　）。

A. 清理患儿口腔内的分泌物

B. 疏散围观人员，保持空气流通

C. 使患儿平卧且头偏向一侧，松解其衣扣

D. 立即给患儿服用药物

任务四　晕厥的原因、预防及救助方法

任务背景

周一早晨的升旗仪式上，小强突然晕倒了。有的幼儿吓得大声尖叫，有的围在四周看，还有的幼儿喊道：“老师，快来！”

班级的两位老师见状便迅速向小强这边跑过来。只见小强身体瘫软躺在地上，满头大汗，双眼紧闭，似乎失去了意识。

同学们，小强发作了什么急症？应该怎么处理呢？

任务目标

1. 了解晕厥的原因、预防及救助方法。

2. 掌握幼儿晕厥的初步救助方式。

3. 具有安全意识，能在救助中关心和保护好幼儿，强化责任意识和生命安全教育。

课前预习

任务准备

准备干净的纸巾、用于垫高的被子或枕头。

任务实施

▼ 步骤一　技能示范

当发现幼儿即将或已经发生晕厥时，现场应急救助可概括为三个关键点：一是防止患儿摔伤或碰伤；二是保持患儿气道畅通；三是增加患儿大脑供血。具体救助方法总结如下。

（1）快速观察现场，确保周围环境安全。如果可能，尽量在患儿倒地前将其扶住。

（2）尽快对患儿进行生命体征评估和二次评估，确认患儿呼吸正常，并检查其有无摔伤。

（3）安排其他教师维持现场秩序，安抚患儿情绪，告诉患儿老师可以帮助他，同时对患儿实施救助。

①让患儿以头低脚高位躺下（腿脚一侧垫高）。

②检查患儿呼吸道是否畅通，如果意识不清，需要将其头歪向一侧，如有呕吐物应清除，同时松开其过紧的衣服。同时拨打 120 急救电话。

③密切观察患儿的面色、意识及体征变化。

④患儿恢复意识后，应让其保持侧卧位休息。

⑤尽快联系家长将患儿送医检查。

（4）做好事后追踪，及时了解患儿的健康状况，并与相关人员（患儿、家长、其他教师等）进行有效沟通。

（5）将事件全过程记录归档。

▼ 步骤二 知识梳理

晕厥又称昏厥，指个体突然发生严重的、一过性的脑供血障碍，从而导致短暂的意识丧失，发作时除了意识丧失外，个体会无法维持正常姿势而就地摔倒。通常，幼儿晕厥后会出现短暂性意识丧失，但仍可以进行正常的自主呼吸，当患儿处于水平体位后会自己苏醒过来。

一、晕厥的常见原因

如图 3-4-1 所示，晕厥发生的原因通常有以下几种。

图 3-4-1 晕厥发生的原因

1. 自主神经调节失常，血管舒缩障碍

这种情况如直立位低血压时脑供血障碍可引起晕厥，体质差者多见；一次性大量排尿或连续咳嗽，可使回心血量减少引起晕厥。

2. 心源性脑缺血

这种原因导致的晕厥最严重，多见于严重的快速或慢速心律失常、心脏停搏。任何体位均可发生，缺血严重时可伴有四肢抽搐、大小便失禁。

3. 脑血管疾病

这种情况多为突然发生的脑干供血不足所致，因脑干网状结构上行激活系统缺血而无法维持正常的意识状态，称为短暂性脑（后循环）缺血发作。

4. 其他

晕厥也可见于低血糖、重度贫血及过度换气者。

二、如何预防晕厥

（1）体弱的幼儿应增强体质，体位改变时动作宜缓慢。幼儿应加强体育锻炼，活动切勿过急过猛，运动锻炼期间要有人陪同。

（2）精神过度紧张的幼儿，应避免情绪过分激动，避免过度劳累，必要时进行心理疏导。

（3）对疼痛高度敏感的幼儿，应积极治疗原发病，禁止做高危动作。有低血糖病史的幼儿忌空腹剧烈运动。

（4）对正处于快速生长发育期的幼儿来说，确保其每天获得丰富且均衡的营养摄入十分重要，这也是预防幼儿出现缺铁性贫血、低血糖等可能诱发晕厥的营养不良疾病的重要措施。

（5）晕厥最重要的就是预防。平时对幼儿做好健康宣教。有些幼儿因为过于遵守规矩或不了解晕厥，即使出现症状也不告诉教师，坚持站立至失去意识，则容易发生危险。

三、晕厥急救的注意事项

（1）如果患儿只是出现头昏、黑蒙等晕厥的前驱症状，可以让其就地坐下，最好坐在高于地面的台阶或板凳上，上身前倾，头置于两膝间，以加速血液回流至头部，可迅速缓解大脑缺氧的状态。

（2）如果患儿晕厥后出现以下一种或多种紧急情况，应立即拨打 120 急救电话：自主呼吸和心跳停止（此时还应立即对其实施心肺复苏术）、头部外伤、高热、身边有毒物残留、1 ～ 2 分钟后未醒、有多次晕厥史、伴有大小便失禁等。

四、晕厥救助误区

（1）一定不要摇晃、拍打患儿头部，也不要胡乱翻转、拖拉和搬运患儿。

（2）一定不要在患儿脑后放高枕，以免阻塞呼吸道入口而出现窒息。

3-4-3

▼ 步骤三　牛刀小试

实训活动　小组情景演练

模拟处理幼儿晕厥

1. 情景演练观摩。

（1）指定 6 名学生为一小组，自拟情景和角色，按照观察现场、评估伤情、救助处理、沟通与疏导、记录归档等步骤，模拟幼儿发生晕厥后的应急救助全过程。

（2）在情景演练过程中，其余学生观摩并记录。演练结束后，观摩学生指出参与角色扮演的学生做得好的地方和不够好的地方。

2. 小组实训演练。班级其他学生以 7 人为一小组演练幼儿发生晕厥后的应急处理全过程，其中 6 人进行情景演练，1 人观摩记录。小组演练结束后进行组内讨论、总结，然后轮换角色再次演练、总结，并将实训过程记录在表 3-4-1 中。

表 3-4-1　实训活动记录表

小组序号		小组名称		组长	
小组成员及分工					
情景演练观摩要点记录（记录观摩中的想法、思考等）					
小组实训演练总结（记录步骤、遇到的难题、如何解决、收获等）					

▼ 步骤四　任务实施评价

所有小组均要对本组和其他小组进行讨论评价，并记录在表 3-4-2 中。

表 3-4-2 任务评价表

实训内容	评价要素	建议评价标准
幼儿晕厥的救助	（1）快速观察现场，确保周围环境安全（如在高温环境下应先转移），如果可能，尽量在患儿倒地前将其扶住 （2）尽快对患儿进行生命体征评估和二次评估，确认患儿呼吸正常，并检查其有无摔伤 （3）安排其他教师维持现场秩序，安抚患儿情绪，告诉患儿你可以帮助他，同时为晕厥的患儿实施应急处理 （4）做好事后追踪，及时了解患儿的健康状况，并与相关人员（患儿、家长、其他教师等）进行有效沟通 （5）记录归档	第 1 点正确（1 分） 第 2 点正确（1 分） 第 3 点正确（5 分） 第 4 点正确（2 分） 第 5 点正确（1 分）
自我评价及评分：		
组内评价及评分：		
教师评价及评分：		
综合评分：自我评分（20%）+ 组内评分（30%）+ 教师评分（50%）=		

思考提升

判断题：

1. 升旗仪式上，满头大汗的甜甜突然晕倒了，周围小朋友乱作一团。一旁的张老师立即给甜甜进行现场救助，让甜甜在阴凉处保持平卧，并抬高她的下肢。 （ ）

2. 幼儿园的毛毛突发晕厥时，现场的李老师与毛毛家长进行沟通："毛毛妈妈您好！您的孩子出事了，麻烦您立即赶过来！" （ ）

3. 虽然幼儿晕厥的原因较复杂，但保育员仍应提前了解幼儿的健康状况，掌握幼儿的晕厥病史，做好预防措施，通过预防教育减少幼儿晕厥的发生。 （ ）

任务五　过敏的原因、预防及救助方法

任务背景

据统计，患过敏性湿疹的婴儿日后患哮喘和过敏性鼻炎的风险是一般婴儿的4倍，且这个过敏历程一旦被激发，将难以治愈，这也意味着过敏问题带来的困扰会伴随这些孩子的一生。过敏给孩子带来的伤害绝不止于生理方面。约翰·霍普金斯大学医学院儿科、胃肠病学和营养学教授乔斯·M. 萨维德拉（Jose M. Saavedra）指出，许多在1岁以内患过特应性皮炎的婴儿，未来还可能会出现行为问题。

同学们，作为幼儿的照护者，你知道过敏的原因、预防及初步救助方法吗？

任务目标

课前预习

1. 了解过敏的原因、预防及救助方法。
2. 掌握科学救助幼儿过敏的方法。
3. 能通过制作手抄报的方式将关于预防和应对幼儿过敏的知识进行宣传。
4. 具有防范过敏的安全意识和能力，强化警惕意识和生命安全教育。

任务准备

准备制作手抄报所需的白纸、各种颜色的彩笔。

任务实施

▼ 步骤一　技能示范

同学们，幼儿过敏了，托幼机构教师应怎么做呢？

当怀疑幼儿可能出现过敏反应时，教师不要慌张，应立即检查患儿已出现的过敏症状，并根据具体情况给予相应的紧急救助。

（1）快速观察现场，检查可能引起过敏的原因（如食物、药物或其他接触物等），并让患儿尽快脱离可疑的过敏原。

（2）尽快对患儿进行生命体征评估和二次评估，了解患儿出现过敏反应的部位和特征。

（3）安排其他教师维持现场秩序，并安抚患儿情绪，告诉患儿老师可以帮助他，然后根据初步的评估结果做出相应的处理。

①评估结果：患儿生命体征正常，仅出现局部的轻度过敏反应（如单一性皮疹）。

应对措施：使患儿脱离可能接触的过敏原，并将其送往安全处休息和观察；同时，尽快联系家长告知情况。

②评估结果：患儿出现全身性皮疹、呼吸困难、舌头或脸部肿大、意识模糊甚至丧失等严重过敏反应。

应对措施：此时情况十分危急，应立即拨打 120 急救电话并联系患儿家长。如果患儿意识尚清醒，但出现呼吸困难体征，可让患儿呈半卧位休息，安抚患儿情绪，并密切观察其体征变化；如果患儿意识丧失，且已无自主呼吸，应立即为其实施心肺复苏术。

（4）做好事后追踪，及时了解患儿的健康状况，并与相关人员（患儿、家长、其他教师等）进行有效沟通。

（5）将全过程记录归档。

◎小贴士

与过敏患儿及患儿家长的沟通要点

与发生过敏反应的患儿沟通时，除给予安慰、减少其焦虑外，还应询问患儿刚才吃过的食物或接触过的物品，并叮嘱患儿不要用力抓挠皮肤瘙痒处，如果有其他不舒服要告诉老师等。例如，“你可能过敏了，但不要用力抓挠皮疹”“如果感觉呼吸难受一定要告诉老师，我会帮助你的”。

与患儿家长沟通时，如果患儿是轻度过敏，应先确认其有无过敏病史、来园前是否接触过可疑过敏原等信息。然后详细告知患儿的具体情况及已采取的措施，并要求家长尽快将患儿送医处理。如果患儿发生严重过敏反应，在将患儿送医的同时要求家长立即赶往医院。

▼ 步骤二　知识梳理

过敏反应是指已产生免疫的机体再次接受相同抗原刺激时所发生的组织损伤或功能紊乱的反应，也称为变态反应。那些被机体免疫系统识别为有害物质而引发过敏反应的物质被称为过敏原。常见的过敏原有花粉、油漆、寄生虫、虾、蟹、动物皮毛、尘螨及青霉素类、磺胺类物质等。

3-5-2

过敏性休克是过敏反应的严重后果，主要表现为出汗、面色苍白、四肢湿冷发绀、烦躁不安、意识不清或完全丧失，最终可能导致心跳停止。因此，教师需要提高警惕，及时予以患儿紧急救助。

一、过敏的常见原因

过敏常常发生在一部分相对固定的人群身上。具有过敏体质的人，属于先天免疫功能异常，往往由遗传而来，也就是说，具有这种体质的人，发生过敏的可能性将伴随终生。

过敏的发生有一个条件，就是必须多次接触同种过敏原。有些人接触到过敏原时，在过敏原的刺激下，由效应 B 细胞产生抗体。有些抗体吸附在皮肤、呼吸道或消化道黏膜以及血液中某些细胞的表面。当相同的过敏原再次进入机体时，就会与吸附在细胞表面的相应抗体结合释放出组织胺等物质，引起毛细血管扩张、血管壁通透性增强、平滑肌收缩和腺体分泌增多等。上述反应如果发生在皮肤，则出现红肿、荨麻疹等；如果发生在消化道，则出现呕吐、腹痛、腹泻等。个别病情严重的，可因支气管痉挛、窒息或过敏性休克而死亡。

二、如何预防过敏

过敏的预防重于治疗。教师应该从幼儿合理的生活起居、得当的饮食调理和适当的体育锻炼做起。

（1）保证幼儿有充足的睡眠、足够的室外活动时间，以及多接触外界事物的机会。

（2）建议在给幼儿添加辅食时，首先添加易于消化而又不易引起过敏的食物，其次是蔬菜、水果，然后再是肉、鱼、蛋类。如果要尝试蛋黄、豆类等食物，应遵循少量逐渐添加的原则，一旦有过敏反应，应及时停止。

（3）要安排适当的活动和锻炼，增强幼儿身体抵抗力。

三、过敏救助的注意事项

不能随意喂药。当幼儿出现过敏症状时，保育员必须在懂得何时和如何使用这些药物，并征求医生的建议和征得法定监护人的同意后，才可以给患儿使用该药物。

四、过敏救助误区

不能盲目处理。教师如果无法辨别幼儿是过敏还是得了传染性皮疹，应以传染性疾病的方案来应对和救助。

▼ 步骤三　牛刀小试

实训活动 制作手抄报——“正确应对幼儿的过敏反应”

1. 班级学生以 6 人为一小组，共同设计完成手抄报——“正确应对幼儿的过敏反应”，必须在手抄报中体现过敏的原因、预防及初步救助方法，与发生过敏反应幼儿的沟通，与过敏幼儿家长进行的有效沟通等内容，完成后拍照上传至班级学习平台。

2. 所有小组均要对本组设计完成的手抄报进行组内讨论，总结做得好的地方和不够好的地方，并记录在表 3-5-1 中。

表 3-5-1　实训活动记录表

小组序号		小组名称		组长	
小组成员及分工					
要点记录（设计手抄报的想法、思考等）					
总结（制作手抄报的步骤、遇到的难题、如何解决、收获等）					

▼ 步骤四　任务实施评价

所有小组均要对本组和其他小组的手抄报进行讨论评价，并记录在表 3-5-2 中。

表 3-5-2　任务评价表

实训内容	评价要素	建议评价标准
制作手抄报——“正确应对幼儿的过敏反应”	（1）知道过敏的原因 （2）知道过敏的预防措施 （3）知道过敏的救助方法 （4）能与发生过敏反应的幼儿进行有效沟通 （5）能与过敏幼儿家长进行有效沟通	第 1 点正确（1 分） 第 2 点正确（1 分） 第 3 点正确（5 分） 第 4 点正确（1.5 分） 第 5 点正确（1.5 分）

续表

自我评价及评分：
组内评价及评分：
教师评价及评分：
综合评分：自我评分（20%）+ 组内评分（30%）+ 教师评分（50%）=

◎育婴专栏

照护者要识别婴儿过敏的症状。婴儿过敏可能是因为接触了空气、食物、水源等过敏原，刺激了免疫系统。若皮肤接触过敏，会出现大面积红疹、干燥、渗液、脱屑等皮肤症状；食物过敏则会表现出腹泻症状；吸入性过敏则会表现出流鼻涕、打喷嚏等上呼吸道感染症状。一旦婴儿有过敏症状，不要盲目涂抹药膏，照护者要及时寻找可疑过敏原并将其切断，让患儿远离导致过敏的物品或环境，并及时送医就诊。

思考提升

单项选择题：

1. 在为幼儿购买食物时，成人应检查食物的成分标识信息。如果幼儿曾有对牛奶过敏的经历，那么不能给其提供含有（　　）成分的饼干。

A. 蜂蜜　　B. 酪蛋白　　C. 玉米糖浆　　D. 面粉

2. 贝贝在春游时不小心被一只蜜蜂蜇伤。杨老师发现伤处肿了起来，身体其他地方也开始出现皮疹，贝贝感觉皮肤很痒，头有点晕。这表明贝贝可能发生了（　　）。

A. 惊厥　　B. 哮喘　　C. 过敏反应　　D. 呼吸困难

3. 下列关于幼儿发生过敏反应后的救助处理措施中，正确的是（　　）。

A. 无论患儿症状轻重，都应立即通知家长将其接回

B. 应先将患儿脱离过敏原或存在过敏原的环境，然后再做处理

C. 立即给患儿服用抗过敏药物

D. 先对患儿进行观察，情况严重时再通知家长接回

任务六　叮咬伤的原因、预防及救助方法

任务背景

5 月 14 日下午 4：30 左右，萍乡市经济开发区朝阳幼儿园门口发生了一起疯狗咬人的事件，一条疯狗咬伤了 4 个人，其中 3 名幼儿，一位保安。两名高龄老人受到惊吓。3 名被咬伤的幼儿腿上、背部伤痕累累，该园园长、家长陪同幼儿打狂犬疫苗。

随着气温的升高，又到了犬类交配繁殖的季节。受到体内激素的刺激，犬类易烦躁并四处游荡，可能会无故对路人发起攻击。

事件来源：https：//new.qq.com/rain/a/20210515A0BMDG00

同学们，如果你是现场的照护者，你可以完成叮咬伤的初步救助吗？

任务目标

1. 了解叮咬伤的原因、预防及救助方法。

2. 通过情景剧表演深入理解并掌握叮咬伤的科学预防及救助方法。

3. 加强对叮咬伤的日常预防，时刻加强警惕。

4. 具有防范叮咬伤的安全意识，加强生命安全教育。

课前预习

任务准备

准备硬质塑料卡片、碘伏、棉签、肥皂水、冰袋、干净毛巾、灭菌敷料、灭菌纱布、医用胶带、幼儿人体模型等。

任务实施

步骤一　技能示范

同学们，如果你是现场的教师，你应该怎样做呢？

教师在发现幼儿可能受到叮咬伤也就是动物伤害之后，应立即根据幼儿的受伤情况对其进行应急处理。

（1）快速观察现场，确保周围环境安全，做好自我防护。如果周围有危

险动物，应在做好防护的情况下，将患儿转移至安全的地方。

（2）尽快对患儿进行生命体征评估和二次评估。了解伤害患儿的动物类型（如果可能，应将伤人动物拍照保存）、受伤部位及程度。

（3）安排其他教师维持现场秩序，并安抚患儿的情绪，告诉患儿你可以帮助他，然后根据具体评估结果为患儿实施救助处理。

①评估结果：幼儿被蜜蜂、蜱虫、蚊虫等昆虫叮咬。

应对措施：

a. 检查：检查受伤部位是否有遗留的毒刺，如有，建议使用硬质卡片（如银行卡）或指甲刮除刺针。但如果是被蜱虫咬伤，不要自行尝试拔除，应立即送医处理。

b. 冲洗：用肥皂水清洁被昆虫叮咬的部位，并用清水冲洗伤口。

c. 冷敷：如伤处有肿胀或剧烈疼痛，可冷敷 10～15 分钟，以减轻症状。

d. 观察：密切观察患儿的体征。一般的昆虫叮咬伤只会引发局部症状，但如果患儿出现呼吸困难，过度肿胀（尤其是面部、眼部、嘴唇、舌头、喉咙、生殖器等部位），头晕或意识丧失，心跳加快，恶心或呕吐，皮肤大面积潮红或苍白，荨麻疹，大量出汗等严重过敏反应，则应立即送医处理，并通知患儿的家长。

②评估结果：幼儿被猫、狗轻度抓咬伤，皮肤有破损，出现小面积的伤痕或伴有少量出血。

应对措施：

a. 冲洗：用肥皂水（或其他弱碱性清洁剂）和一定压力的流动清水交替清洗患儿伤口至少 15 分钟，再用生理盐水冲洗伤口，以避免肥皂液或其他清洗剂的残留。冲洗时要将伤口扩大，让其充分暴露，以减少感染风险。

b. 消毒：用棉签蘸取碘伏（或其他具有病毒灭活功效的皮肤黏膜消毒剂）对伤口进行涂擦消毒。

c. 覆盖：用灭菌纱布覆盖伤口，只需固定，不要包扎。

d. 送医：尽快拨打 120 急救电话或将患儿送医，并联系家长。医生会根据受伤情况为患儿注射狂犬病疫苗、破伤风抗毒素、免疫球蛋白等药物。如果受伤严重，建议在冲洗伤口后立即将患儿送医治疗。

③评估结果：幼儿被蛇咬伤。

应对措施：无须辨别咬伤幼儿的蛇是否有毒，应在为患儿进行下列处理后尽快送医治疗。

a. 休息：安慰患儿，让其保持镇静并要求其尽量避免移动身体，减缓毒素（如有的话）在血液中的扩散。

b. 放低：将患儿被咬伤的部位（如手臂或腿）保持在低于心脏的位置，避免毒素（如有的话）向全身快速扩散。如果伤处肿胀，应及时去除伤处紧绷的衣服。

c. 冲洗：使用肥皂水或流动清水冲洗伤口至少 15 分钟。

d. 送医：立即拨打 120 急救电话或将患儿送医处理，并联系家长，同时密切观察患儿的伤情变化，如果出现心搏骤停应及时实施心肺复苏术。

（4）做好事后追踪，及时了解患儿的健康状况，并与相关人员（患儿、家长、其他教师等）进行有效沟通。

（5）将事故全过程记录归档。

▼ 步骤二　知识梳理

叮咬伤也是动物伤害，是由各种动物对幼儿所造成的意外损伤。随着生活水平的不断提高，幼儿与动物的接触机会和亲密程度都在增加，这使得幼儿被猫、狗等动物伤害的案例也越来越多。

一、叮咬伤的常见原因

1. 幼儿自身因素

幼儿好奇心强，而且对各种动物的习性缺少了解，所以在与动物的接触或互动中容易激发动物的攻击行为，从而受到动物的伤害。幼儿的自我保护意识和自我防御能力较弱，在受到动物的伤害时往往手足无措，处于被动地位。

2. 幼儿监护人因素

家是幼儿发生动物伤害最多的地方，成人预防意识不足、看护不到位以及安全教育的不足使幼儿在与动物接触时过度亲密，不懂得如何保护自己，从而增加了被动物伤害的可能性。

3. 社会因素

各类猫、狗等动物常出现在幼儿的日常生活环境中，较多的动物接触机会就意味着较高的动物伤害概率。随意放养、遗弃的宠物对弱小的幼儿来说是一个较大的安全威胁。而且很多宠物没有按时接种动物疾病疫苗，也没有做任何登记，当其进入社区、街道等公共场所时会成为安全隐患。

二、如何预防叮咬伤

1. 做好家长干预工作

由于大多数的幼儿动物伤害事件都发生在家中，教师有义务通过多种形式对幼儿家长进行预防动物伤害的知识宣传和指导。

2. 做好幼儿安全教育

教师首先应重点引导幼儿正确地与动物相处，并让幼儿了解动物的习性以及其可能造成的危害。

3. 严格管理托幼机构内的动物

托幼机构应禁止在园内豢养具有潜在危险的动物（如猫、狗、蜜蜂等），也应避免无人管理或流浪的动物从围栏间隙或大门进入托幼机构，可以养一些对幼儿无害的动物（如乌龟、金鱼等）供幼儿观察和探索。此外，教师还应加强监督，避免幼儿私自携带小动物入园，以免造成意外伤害。

在托幼机构内部及周围应尽量种植不易招惹蚊子、蜜蜂、毛毛虫等昆虫的植物，还应在幼儿离园后或假期内定期进行除虫、灭蚊、灭鼠等工作。

4. 合理组织户外活动

组织幼儿在户外游玩或参观时，教师应联合家长做好预防动物伤害的工作。

三、叮咬伤救助的注意事项

（1）猫、狗抓咬伤的处理原则：及时、彻底清洗和消毒伤口，越早越好，但不建议挤压伤口。如果是被野猫或野狗抓咬伤，应尽快接种狂犬疫苗。

（2）如果伤口需要用药，教师应让家长接回患儿并送医处理后，按医嘱用药。

（3）如果伤口较严重，流血较多，教师应先用干净的敷料进行压迫止血，然后抬高伤处并尽快将患儿送医。

（4）如果幼儿的眼部、口腔、外生殖器等特殊部位被猫、狗抓咬伤，应及时送医，交由专业人员处理。

（5）被蛇咬伤时尽量将蛇打死或者对其进行拍照，明确蛇的品种，方便医生对症治疗。蛇是否有毒也可通过咬痕来判断，一般毒蛇会留下两个很大的咬痕，而无毒蛇一般都是小牙痕。

（6）幼儿多是被蚊子咬伤、蜂类蜇伤、“洋辣子”刺伤。幼儿被“洋辣子”刺伤时，伤口处疼痛红肿，此时，可先用橡皮膏将皮肤中的刺粘出来，然后用肥皂水涂抹。

四、叮咬伤救助误区

（1）被蜱虫叮咬皮肤后，不可用手强行将蜱虫取出，也不要用酒精、烟头等刺激其掉出。正确的方法是及时将患儿送医，由医生通过药物将蜱虫麻醉，再将蜱虫取出。

（2）不要轻易使用止血带，以免造成继发损伤。

（3）禁止使用“切开—吸吮”方式去除毒素，尤其不能用嘴去吸，避免造成伤口感染。

（4）被蛇咬伤时不要对伤口进行冷敷，这会减缓血液循环，让毒素留在幼儿体内而加速机体损伤。

▼ 步骤三　牛刀小试

实训活动 情景剧表演——“正确处理幼儿叮咬伤”

1. 班级学生以 6 人为一小组，共同设计完成情景剧表演——“正确处理幼儿叮咬伤”，必须在情景剧表演中体现叮咬伤的原因、预防及救助方法，与发生叮咬伤患儿的沟通，与发生叮咬伤患儿家长进行的有效沟通等内容，并将完成的情景剧拍成视频上传至班级学习平台。

2. 所有小组均要对本组设计完成的情景剧表演进行组内讨论，总结做得好的地方和不够好的地方，并记录在表 3-6-1 中。

表 3-6-1　实训活动记录表

小组序号		小组名称		组长	
小组成员及分工					
要点记录（设计完成情景剧表演的想法、思考等）					
总结（设计完成情景剧表演的步骤、遇到的难题、如何解决、收获等）					

▼ 步骤四 任务实施评价

所有小组均要对本组和其他小组的情景表演剧进行讨论评价，并记录在表 3-6-2 中。

表 3-6-2 任务评价表

实训内容	评价要素	建议评价标准
情景剧表演——“正确处理幼儿叮咬伤”	（1）知道叮咬伤的原因 （2）知道叮咬伤的预防措施 （3）知道叮咬伤的救助方法 （4）与发生叮咬伤患儿的沟通 （5）与发生叮咬伤患儿家长进行有效沟通	第 1 点正确（1 分） 第 2 点正确（1 分） 第 3 点正确（5 分） 第 4 点正确（1.5 分） 第 5 点正确（1.5 分）
自我评价及评分：		
组内评价及评分：		
教师评价及评分：		
综合评分：自我评分（20%）+ 组内评分（30%）+ 教师评分（50%）=		

思考提升

单项选择题：

1. 下列场所中，幼儿被动物伤害发生率最高的是（　　）。

A. 家庭　　B. 学校

C. 公共场所　　D. 野外

2. 幼儿被动物叮咬受伤后，下列处理措施中正确的是（　　）。

A. 被蜜蜂叮咬后如出现过敏症状，可提供抗过敏药物

B. 被猫、狗轻度抓咬伤，可不用送医处理，在保健室处理即可

C. 处理猫、狗抓咬伤时，应及时、彻底清洗和消毒伤口

D. 被无毒蛇咬伤后，如没有明显流血，可不用送医处理

3. 下列关于猫、狗抓咬伤的应急救助措施中，不正确的是（　　）。

A. 应尽快带患儿远离致伤的猫或狗

B. 应用肥皂水对患儿伤口进行彻底冲洗

C. 可用碘伏对患儿伤口进行消毒处理

D. 消毒患儿伤口后，应用灭菌纱布盖好，并用绷带缠紧再送医

项目四

幼儿常见突发事件的应急处理

幼儿的健康与安全除受到活动中的意外伤害和常见急症的影响外，还会受到一些自然灾害、人为犯罪等突发事件的威胁，如水灾、火灾、地震、走失冒领等。要有效预防和应对这些突发事件不仅需要托幼机构教师熟练掌握规范的应对流程和方法，更需要托幼机构管理者提前做好充分的应急预案，明确责任与分工，并在平时的模拟演练中提高师幼安全意识和紧急应对能力。

知识目标

1. 理解突发事件的含义、危害和基本处理要求。
2. 了解幼儿常见突发事件发生的原因。
3. 了解幼儿常见突发事件的应对误区。
4. 掌握应对幼儿突发事件的注意事项。
5. 熟悉幼儿常见突发事件的处理办法。

技能目标

1. 掌握幼儿常见突发事件的应对措施。
2. 能在实训活动中正确完成突发事件的应急处理流程。
3. 能结合具体的案例，分析应急处理情况。
4. 能抓住契机与幼儿和家长沟通，针对幼儿开展适宜的安全教育。

素质目标

加强对突发事件应急处理的职业认知，重视生命安全教育，树立正确的照护观。

任务一　突发事件的含义、危害及基本处理要求

任务背景

5月12日上午，江苏徐州王陵路妇联幼儿园在晨检时，发现部分儿童同时出现腹泻、发烧。徐州市迅速启动公共卫生处置预案，第一时间将腹泻、发烧幼儿送往医院诊治，并成立专门工作组排查原因。截至5月12日22：40，徐州当地各大医院陆续接诊了来自妇联幼儿园的109名腹泻、发烧幼儿，幼儿体征平稳，没有生命危险。据幼儿园有关负责人介绍，5月12日上午8：30，该幼儿园在晨检时发现，有部分幼儿因腹泻、发烧未能到校，立即向上级汇报。徐州市委、市政府高度重视，迅速安排腹泻、发烧幼儿到全市医疗条件最好的医院观察治疗，并组织力量对幼儿腹泻前所饮用食品进行控制并检测。

事件来源：《皖北晨刊》2010年5月14日

如果你是这位老师，你可以对这起突发事件进行科学的处理吗？

任务目标

课前预习

1. 了解突发事件的含义和危害。
2. 掌握幼儿突发事件的科学处理要求。
3. 面对突发事件具有“生命第一”的安全意识。
4. 加强对突发事件应急处理的职业认知，树立正确的照护观。

任务准备

1. 准备突发事件处理记录表。
2. 准备医生服装。

任务实施

步骤一　技能示范

突发事件发生后，托幼机构的教师应怎么做呢？

（1）保持冷静，稳定幼儿的情绪，消除其恐慌心理，避免引起慌乱。

（2）立即向托幼机构负责人及上级相关部门报告。

（3）正确疏散幼儿，做好幼儿的安全防护。

（4）组织幼儿到安全场所避难，检查幼儿安全情况。

（5）由教师或保健医生实施急诊救助，等待专业医护人员的到来。

（6）采取正确方式等待救援。

（7）尽快通知受伤幼儿的家长，与家长沟通时保持镇静，并告诉家长事件发生的经过以及采取的措施。

（8）与受伤的幼儿沟通，关怀其身心健康，对经历突发事件的幼儿进行心理疏导。

（9）填写突发事件报告，包括疏散避难过程、救助情况和最终结果等。

◎小贴士

一般依据突发事件可能造成的危害程度、波及范围、影响力大小、人员及财产损失等情况，将其划分为特别重大（Ⅰ级）、重大（Ⅱ级）、较大（Ⅲ级）、一般（Ⅳ级）四个级别，并依次采用红色、橙色、黄色、蓝色加以表示。

▼ 步骤二 知识梳理

在幼儿的一日生活中，可能会出现火灾、水灾、地震、食物中毒、触电等突发事件，这样的突发事件很多都无法预知和避免。事件发生后，教师若及时采取一系列正确的处理措施，就能够将对幼儿的伤害最大程度地降低。

一、突发事件的含义

根据《中华人民共和国突发事件应对法》，突发事件是指“突然发生，造成或者可能造成严重社会危害，需要采取应急处置措施予以应对的自然灾害、事故灾难、公共卫生事件和社会安全事件”。突发事件主要分为以下四类。

（1）自然灾害。其主要包括水旱灾害、气象灾害、地震灾害、地质灾害、海洋灾害、生物灾害和森林草原火灾等。

（2）事故灾难。其主要包括工矿商贸等企业的各类安全事故、交通运输事故、公共设施和设备事故、环境污染和生态破坏事件等。

（3）公共卫生事件。其主要包括传染病疫情、群体性不明原因疾病、食品安全和职业危害、动物疫情，以及其他严重影响公众健康和生命安全的事件。

（4）社会安全事件。其主要包括恐怖袭击事件等。

二、突发事件的危害

（1）造成生命与财产的损失。

（2）对环境产生破坏。一是对自然环境造成破坏，突发事件可以更改地貌、毁坏植被、破坏物种多样性；二是对经济环境造成破坏，如损坏基础设施等。

（3）损害心理健康。突发事件不仅给公众造成生理伤害，也会让公众的心理和精神承受冲击，甚至出现严重的心理疾病，造成精神损失。

三、突发事件处理的误区

（1）惊慌失措：事件发生后，教师不可惊慌失措、大喊大叫，应保持镇定并采取疏散撤离避难措施。

（2）急于撤离：如果无法安全撤离，切忌乱跑，教师应组织幼儿寻找安全避难场所等待救援。

▼ 步骤三　牛刀小试

实训活动 案例收集与分析

1. 每位学生收集至少两个国内外应对突发事件的相关新闻和案例。

2. 小组案例分析。小组成员将收集到的案例进行汇总，并进行分类。同时分析评价案例的基本处理流程，进行总结，并将实训过程记录在表4-1-1中。

表 4-1-1　实训活动记录表

小组序号		小组名称		组长	
小组成员及分工					
收集的案例（记录对案例的想法、思考等）					
小组实训总结（记录案例的基本处理流程、收获等）					

▼ 步骤四　任务实施评价

所有小组均要对本组和其他小组的案例进行讨论评价，并记录在表4-1-2中。

表 4-1-2　任务评价表

实训内容	评价要素	建议评价标准
突发事件案例的收集与分析	（1）收集案例 （2）能够对突发事件案例进行正确分类 （3）能够总结突发事件的基本处理流程 （4）知道如何填写突发事件报告 （5）有较强的安全意识	全部正确（8 ~ 10 分） 4 ~ 5 点正确（6 ~ 8 分） 2 ~ 3 点正确（3 ~ 5 分） 1 点及以下正确（0 ~ 2 分）
自我评价及评分：		
组内评价及评分：		
教师评价及评分：		
综合评分：自我评分（20%）+ 组内评分（30%）+ 教师评分（50%）=		

思考提升

判断题：

1. 战争是一种集体和有组织地互相使用暴力的行为，可造成大量人员伤亡和财产损失，根据其发生的原因，战争属于突发事件。（　　）

2. 突发事件是指突然发生的自然灾害。（　　）

3. 突发事件分为自然灾害和事故灾难。（　　）

任务二 火灾的引发原因、预防及应对措施

任务背景

食堂突然起火，火势迅速蔓延。小朋友们惊慌不安。老师们迅速组织幼儿紧急撤离。医生立即对幼儿们进行了检查，好在小朋友们并没有受到伤害。消防救援迅速赶到，扑灭了大火。老师和心理辅导专家还特地安抚幼儿的情绪。

同学们，你知道发生火灾后应该如何安全撤离吗？

任务目标

课前预习

1. 了解火灾的引发原因、预防及应对措施。

2. 掌握火灾发生后的科学疏散、撤离方法，确保人员生命安全。

3. 学习稳定幼儿情绪的技巧与方法。

4. 具有“防范火灾、生命至上”的安全意识。

5. 理解火灾防范和应急的重要性，树立正确的职业认知，提高警惕意识，加强生命安全教育。

任务准备

1. 准备手机、毛巾、灭火器、火灾警报铃。

2. 准备消防员服装。

任务实施

▼ 步骤一 技能示范

托幼机构发生火灾了，教师应该怎么做呢？

（1）安慰幼儿不要紧张，保持冷静，停下一切活动，听从教师的引导，立即拨打 119 火警电话。

（2）组织幼儿迅速有序地从逃生通道离开建筑物。

（3）火灾通常伴有有毒烟雾，教师在疏散人员时应组织幼儿伏低身体、用湿毛巾等捂住口鼻。

4-2-1

（4）火势太大无法逃生时可以利用卫生间避难，用湿毛巾塞紧门缝，放水降温，迅速发出信号寻求救援。

◎小贴士

为什么要用湿毛巾捂住口鼻？

缺氧窒息和烟气中毒是大多数火灾死伤的原因所在。如果在逃生过程中需要穿过烟气，要尽量用湿毛巾或打湿的衣物捂住口鼻。湿毛巾可以有效减少有害烟气的吸入，还能降低吸入空气的温度，防止呼吸道被烫伤。

▼ 步骤二　知识梳理

火灾是指在时间或空间上失去控制的灾害性燃烧现象。从古至今，火给人们带来光明和温暖，推动了人类文明和社会的进步。但火如果失去控制，酿成火灾，就会给人们的生命财产造成巨大的损失。为了有效保障幼儿安全，提高消防安全意识，托幼机构应明确消防安全责任，托幼机构教师应掌握灭火、疏散等技能。

一、引发火灾的原因

（1）防火意识淡薄，如乱扔烟头、随便玩火、乱拉电线等。

（2）消防安全工作不到位，如违章使用设备、使用老化设备发生短路等。

（3）物品受热发生自燃可能导致火灾。

（4）未掌握起火应对措施，如火势初起时不会使用灭火设备控制火势等。

二、如何预防火灾

（1）注意易燃易爆物品的安全存放。

（2）定期进行消防检查，将火灾隐患“扼杀在摇篮中”。

（3）熟悉火灾逃生疏散路线。

（4）掌握火灾预防与灭火疏散等技能。

（5）定期进行火灾避难演习。

（6）加强幼儿防火教育，增强幼儿消防安全意识。

三、火灾逃生的注意事项

（1）教师及时拨打 119 火警电话是非常关键的。

（2）逃生中注意防烟。火灾中多数死伤都是由烟熏导致的，所以逃生时防烟最重要，应该用湿毛巾之类的物品堵住口鼻。一般烟气较热，空气上层烟雾的浓度较大，所以人应该俯身行进，身体应该尽量靠近地面。

（3）教师组织幼儿保持镇静，避免挤入人流。着火后，避免一同涌向出口，进而使出口堵塞，难以逃生。失火后应该保持镇静，切忌盲目随人流行动。

（4）高楼着火，不到万不得已时不要向上层疏散。

（5）教师可以用创造避难间的方法争取时间，等待救援。

（6）如果人被困在楼上，楼层不高，必须从窗户逃生时，教师应该事先向地面扔些有弹性的物品，然后将绳子或床单、窗帘做成的绳子固定结实后，帮助或抱着幼儿顺绳而下。

（7）如果外面火势较大无法组织幼儿安全撤离，而室内没有火焰燃烧，则应该将门紧闭，用湿布等塞紧门缝，等待救援。

四、火灾应对误区

（1）向光心理。在紧急情况下，人的本能决定了总是向着有光、明亮的方向逃生，但这些地方却可能是危险之地。因为在火场中，光和亮的地方极有可能是大火肆虐之处。正确方式是沿着“安全出口”发光标志向最近的安全出口逃生。

（2）习惯性地往下面楼层跑。一旦失火，人们总习惯性认为火是从下往上蔓延的，越高越危险，只有尽快逃到一层，跑出建筑物，才有生的希望。但是，这时下面的楼层也可能是一片火海，因此，不要盲目沿楼梯逃生，可在房间内用湿毛巾捂住口鼻，往门上浇水冷却，往有新鲜空气的阳台躲避，等待消防人员救援。

▼ 步骤三 牛刀小试

小组情景演练

模拟应对火灾

1. 情景演练观摩。指定 5 名学生进行角色模拟，2 人扮演幼儿，1 人扮演教师，1 人扮演家长，1 人扮演消防员。

（1）发生火灾时，教师停下一切活动，立即报警，并安慰幼儿不要紧张，保持冷静，听从教师的引导。

（2）教师迅速组织幼儿有序快速前往逃生通道，离开建筑物。

（3）教师需要采取正确措施应对火灾，避免幼儿惊慌奔跑而引起踩踏。

（4）火势太大、烟气较多时，教师需要组织幼儿采取正确姿势和方法以防吸入烟气对呼吸道造成伤害。

（5）火势太大无法撤离时，教师要采取正确方法组织幼儿避难和呼救。

（6）成功撤离后，教师检查幼儿情况，进行应急救助并将幼儿及时送医，告知医生已采取的救助措施。

（7）灾情过去后，教师向幼儿和家长介绍防灾和应对方法，加强幼儿和家长的消防安全意识。

（8）在情景演练过程中，其余学生观摩并记录。演练结束后，观摩学生指出参与角色扮演的学生做得好的地方和不够好的地方。

2. 小组实训演练。班级其他学生以 6 人为一小组演练以上情景，其中 5 人进行情景演练，1 人观摩记录。小组演练结束后进行组内讨论、总结，然后轮换角色再次演练、总结，并将实训过程记录在表 4-2-1 中。

表 4-2-1 实训活动记录表

<table>
<tr><td>小组序号</td><td></td><td>小组名称</td><td></td><td>组长</td><td></td></tr>
<tr><td>小组成员及分工</td><td colspan="5"></td></tr>
<tr><td>情景演练观摩要点记录（记录观摩中的想法、思考等）</td><td colspan="5"></td></tr>
<tr><td>小组实训演练总结（记录实训演练的步骤、遇到的难题、如何解决、收获等）</td><td colspan="5"></td></tr>
</table>

▼ 步骤四　任务实施评价

所有小组均要对本组和其他小组进行讨论评价，并记录在表 4-2-2 中。

表 4-2-2　任务评价表

实训内容	评价要素	建议评价标准
火灾的应对措施	（1）能够稳定幼儿的情绪 （2）能正确组织幼儿从逃生通道安全撤离 （3）撤离过程中，能够正确组织幼儿用湿毛巾等捂住口鼻 （4）撤离过程中，能够根据具体情况组织幼儿采取正确姿势，减少烟气对呼吸道的伤害 （5）会和家长沟通火灾情况及处理情况 （6）知道在托幼机构怎样预防火灾	全部正确（8 ~ 10 分） 4 ~ 5 点正确（6 ~ 8 分） 2 ~ 3 点正确（3 ~ 5 分） 1 点及以下正确（0 ~ 2 分）
自我评价及评分：		
组内评价及评分：		
教师评价及评分：		
综合评分：自我评分（20%）+ 组内评分（30%）+ 教师评分（50%）=		

◎育婴专栏

当发生火灾时，照护者应第一时间保护好婴儿。为避免火灾烟雾引起窒息，照护者可用湿毛巾等捂住婴儿口鼻，尽可能使其减少吸入烟尘，同时迅速逃离至安全区域。若火势过大则可躲到可燃物少或密闭性好的房间，减少大火或烟雾造成的伤害，及时拨打 119 火警电话，安抚婴儿情绪，等待救援。

思考提升

案例分析题：

请指出案例中火灾应对方法的错误之处，并指出其危害。

托幼机构食堂突然起火，刘老师发现火情报警后，立即组织幼儿疏散，并催促幼儿尽快奔跑逃离，导致个别幼儿摔倒。当烟雾达到幼儿头顶高度时，刘老师为了保证撤离的速度，仍让幼儿保持直立迅速撤出。撤出后，许多幼儿的呼吸道受到伤害。

4-2-5

任务三　水灾的引发原因、预防及应对措施

任务背景

“水涨得太快，几分钟内就淹到成人下巴了，我们幼儿园的老师就依靠双手托举着小朋友们，逐一转移至安全位置，等待救援。”2020 年 6 月 8 日上午 8：00，衡阳市衡阳县持续暴雨，石市镇灵川村幼儿园内发生既惊险又温暖的一幕——多名幼儿被困，园区幼教老师与消防救援人员接力救援。

事件来源：《三湘都市报》2020 年 6 月 10 日

同学们，如果你是现场的老师，你可以完成水灾时的安全疏散吗?

任务目标

1. 了解水灾的引发原因、预防及应对措施。

2. 能够撰写有关水灾防范的安全教育方案，并开展模拟教育活动。

课前预习

3. 掌握发生水灾时的科学应对措施。

4. 具有“防范水灾、生命第一”的安全意识。

5. 理解水灾应急的重要性，加强生命安全教育。

任务准备

1. 准备水灾警报铃、有浮力的物品。

2. 准备消防员服装、医生服装。

任务实施

▼ 步骤一　技能示范

发生水灾了，托幼机构教师应该怎么做呢?

（1）汛期来临前，应做好预防与物资的准备。

（2）及时掌握相关部门发布的信息，做好防灾准备。

（3）如果来不及转移幼儿，要立即断电；同时稳定幼儿情绪，组织幼儿向高处转移，等待救援人员营救。

（4）如果水位不断上涨，为幼儿寻找一切入水能浮起来的东西。

（5）发出信号寻求救援。

◎小贴士

如何选择逃生路线

（1）受到洪水威胁，但撤离时间充裕的情况下，应该按照预定路线，有组织地向高地等处转移；若已经被洪水包围，要尽可能利用桌椅、门板等进行水上转移。

（2）洪水来得太快，已经来不及转移时，要立即爬上屋顶、楼房高层、大树、高墙等进行暂时避险，等待救援。

（3）在山区，如果连降大雨，很容易暴发山洪。遇到这种情况，应该注意避免渡河，以防被山洪冲走；还要注意防范山体滑坡、滚石、泥石流等其他自然灾害。

（4）在城市，如果连降大雨，应当注意城市内涝所造成的低洼地带积水；出行时应避开危墙等区域，注意人身、车辆安全。

（5）发现高压线铁塔倾倒、电线低垂或断折时，要远离避险，防止触电。

（6）洪水过后不要轻易涉水过河，逃生时不要向泄洪的方向跑，而要向两侧躲避。

洪水来临时的救生物品

（1）体积大的有一定漂浮力的容器；（2）漂浮力很好的足球、篮球、排球；（3）有一定漂浮力的树木，桌椅板凳、箱柜等木制家具。

▼ 步骤二　知识梳理

水灾泛指洪水泛滥、暴雨积水和土壤水分过多对人类社会造成的灾害。水灾会给人们的生命和财产安全造成巨大损失。为了有效保障幼儿安全，托幼机构教师了解水灾相关知识、掌握水灾疏散逃生等技能非常重要。水灾时应注意的要点如图 4-3-1 所示。

一、引发水灾的原因

（1）气象因素：强降水、冰雪融化等。

（2）河湖因素：冰凌堵塞河道，滑坡、泥石流堵塞河道，溃决堤坝等。

（3）流域汇水速度：地面坡度越大，土壤含水率越高，植被覆盖率越低，流域汇水速度越快。

（4）人为因素：大量破坏植被、围湖造田、建筑物占据河道等。

洪水到来时，若无法及时转移人员，要就近迅速向山坡、高地、楼房、避洪台等地转移，或者立即爬上屋顶、楼房高层、大树、高墙等处进行暂避。

图 4-3-1　水灾时应注意的要点

二、如何预防水灾

（1）监测预警。

（2）及时收听、收看气象部门通过广播、电视、网络发布的气象预报，并根据预报采取相应的防范措施。

（3）熟悉水灾逃生疏散路线。

（4）掌握水灾逃生技能。

（5）准备必要的物资，如保质期长的食品、手电筒、哨子等。

（6）加强幼儿安全教育，增强幼儿安全意识。

三、水灾应对误区

（1）随意抓取物品漂浮：在爬上木筏等物品前一定要试试其能否漂浮，以防下沉。

（2）乱跑：水灾来临时，不可乱跑，应保持冷静，向高处转移，等待救援。

（3）攀爬带电的电线杆、铁塔：发现高压线铁塔倾倒、电线低垂或断折时，要远离避险，不可触摸或接近，防止触电。

▼ 步骤三　牛刀小试

实训活动　小组合作，模拟开展安全教育活动

（1）每位学生撰写一篇有关水灾的安全教育活动方案。

（2）小组内互相修改优化安全教育活动方案。

（3）小组实训，一人扮演教师，其余人扮演幼儿，根据优化后的活动方案模拟开展安全教育活动。活动结束后进行组内讨论、总结，然后轮换角色再次演练、总结，并将实训过程记录在表 4-3-1 中。

表 4-3-1　实训活动记录表

小组序号		小组名称		组长	
小组成员及分工					
优化后的方案（记录想法、思考等）					
小组实训总结（记录亮点、总结、收获等）					

▼ 步骤四　任务实施评价

所有小组均要对本组和其他小组的方案进行讨论评价，并记录在表 4–3–2 中。

表 4–3–2　任务评价表

实训内容	评价要素	建议评价标准
模拟开展水灾安全教育活动	（1）每人撰写一篇水灾安全教育活动方案 （2）小组成员互相修改活动方案 （3）选出一篇活动方案进行再次优化 （4）小组成员共同完成安全教育模拟活动 （5）知道在托幼机构如何开展水灾安全教育活动 （6）能够有较强的安全意识	全部正确（8 ~ 10 分） 4 ~ 5 点正确（6 ~ 8 分） 2 ~ 3 点正确（3 ~ 5 分） 1 点及以下正确（0 ~ 2 分）
自我评价及评分：		
组内评价及评分：		
教师评价及评分：		
综合评分：自我评分（20%）+ 组内评分（30%）+ 教师评分（50%）=		

◎育婴专栏

面对水灾这一自然现象，婴儿的照护者需要冷静应对。照护者首先思考如何将婴儿运送到安全区域，如在低洼区，则就近选择熟悉的路线往高处撤离。在保证婴儿安全的情况下，准备适当的婴儿生活必需品。同时，向相关人员和部门发出求救信号，在等待救援的时候安抚婴儿情绪，时刻观察周围环境变化，保证婴儿安全。

思考提升

判断题：

1. 水灾泛指洪水泛滥、暴雨积水和土壤水分过多对人类社会造成的灾害。（　　）

2. 如果已被洪水包围，注意：千万不要游泳逃生，不可攀爬带电的电线杆、铁塔，也不要爬到泥坯房的屋顶。（　　）

3. 发现泥石流袭来时，千万不要顺着流动方向往上游或下游跑，应向与泥石流方向垂直的两边山坡上面爬，且不要停留在凹坡处。千万不要在泥石流中横渡。（　　）

任务四　地震的引发原因、预防及应对措施

任务背景

2020 年 7 月 2 日，贵州省毕节市赫章县发生 4.5 级地震，当地不少建筑发生了剧烈晃动，其中也包括赫章县城某幼儿园。危急时刻，幼儿园的 24 名教师临危不乱，反应迅速，仅用了 17 秒就带着 176 名孩子成功撤离到安全地带。当时的公共视频显示，地震发生时建筑物剧烈晃动，幼儿园教师逆行冲回班级，第一时间指导孩子们躲到桌子下面避险。等晃动结束后，教师迅速带领孩子们离开建筑物。随后马上清点各班幼儿，确保没有落下一个孩子。

事件来源:《大连晚报》2020 年 7 月 6 日

同学们，如果你是现场的老师，你能够在地震时组织幼儿安全疏散吗?

任务目标

1. 掌握地震发生后的科学应对措施。
2. 了解地震减灾措施。
3. 面对地震时具有“生命第一”的安全意识。
4. 了解地震减灾的重要性，树立正确的职业认知。

课前预习

任务准备

1. 准备地震警报铃。
2. 准备救援员服装。

任务实施

▼ 步骤一　技能示范

发生地震了，托幼机构教师应怎么做呢?

(1) 应告诉幼儿不要紧张，保持冷静，停下一切活动，听从教师的引导；立即打开大门。

(2) 如地震尚未停止，应立即组织幼儿躲在安全角落，如房间的支撑柱、墙角等；同时提醒幼儿利用物品和手护住头部。静观其变，等情况平稳

后再组织幼儿进行逃生。

（3）如果离门较近，能在第一时间撤出，应立即组织幼儿从逃生通道安全撤离。

（4）地震停止后，应立即确认幼儿是否受伤，检查避难通道是否通畅，认真观察周围情况，确认没有危险再立即组织撤出，同时发出求助信号，切忌盲目行动。

（5）应组织幼儿在安全的应急避难场所等待，以防受到二次伤害，安抚幼儿情绪。

◎小贴士

发生地震前的征兆

人的感官能直接觉察到的地震前兆称为地震的宏观前兆。比较常见的宏观前兆有：井水陡涨陡落、变色变味、翻花冒泡，泉水流量的突然变化，温泉水温的突然变化，动物的习性异常，临震前的地声和地光等。

地震后自救原则

（1）保持强烈的求生欲望；（2）维持呼吸道通畅；（3）注意寻找生存通道；（4）注意寻找食物和水。

▼ 步骤二　知识梳理

为了有效保障幼儿安全，托幼机构定期进行防灾减灾演练、明确消防安全责任，托幼机构教师掌握灭火、疏散等技能非常重要。

一、引发地震的原因

地震是地壳构造运动时地壳受力破裂所产生的振动。由于地壳各部分的不均匀性，地壳构造运动使一些较为脆弱的地方储蓄起大量弹性应变能量，经过相当长的时间，当应力超过岩石固有弹性极限强度时，地壳便发生破裂。当造成大面积破裂或错动时，原来所储蓄的弹性应变能量会迅速释放出来，引起地表强烈振动，造成地震。

二、地震的减灾措施

地震是一种复杂的自然灾害，以当前的科技水平尚无法准确预报地震。对于地震，我们更应该做的是提高托幼机构的建筑抗震等级、做好日常的防御准备工作。一些地震逃难小知识如图 4-4-1 所示。

图 4-4-1 地震逃难小知识

1. 重视安全疏散演习

托幼机构（尤其是地震多发地区）应按照有关部门的要求，制定完备的地震紧急应对预案，并定期组织师生进行避震安全演习。教师和幼儿需要熟悉避震程序、安全姿势、撤离疏散路线、安全场地等。同时，教师应培养沉着应对紧急灾难的心态，这样才能在地震发生时快速、有序地应对。

2. 管理机构内部设置

首先，控制托幼机构每个班级的幼儿人数可以有效减少地震造成的人员伤亡，同时还有利于教师迅速组织幼儿逃生，避免因人多而拥挤。

其次，鉴于不同年龄幼儿的反应速度、动作协调性等差异较大，低龄班级应设置在一楼教室，便于紧急疏散，大龄班级可设置在二楼、三楼教室。

最后，托幼机构的楼梯、走廊等安全通道应做好日常管理，不随意堆放杂物，不锁门，保持安全通道畅通，以便紧急疏散时可以迅速有效地撤离。

3. 做好避震安全教育

托幼机构每学期都应按规定统一制定避震安全教育方案，各班级的教师则应按预定方案有计划、有目的地开展避震安全教育，通过课堂教学、游戏模拟等形式来引导幼儿学习与地震有关的知识，掌握逃生的技能。避震安全教育还应通过家园协作共同培养幼儿的紧急应对和自我保护能力。

4. 组织教职工参加避震培训

发生地震时，托幼机构教师的角色至关重要。托幼机构应经常组织所有教职工参加专业的避震逃生培训，了解更多的地震知识和逃生技巧。这样才能让教师在地震发生时沉着冷静地引导幼儿紧急应对。

5. 准备地震应急设备和物资

托幼机构应在建筑物重要位置安装应急灯、紧急疏散标志等；在墙角或室内固定位置放置含有食物、水、药品等应急用品的急救包，以便地震发生后供被困人员使用，但要经常检查急救包，更新物资；为楼层高的教室配备逃生滑梯、逃生绳索、逃生气垫等应急设备。在准备避震物资的同时，还应引导幼儿认识、了解这些物资的位置及功能。

三、地震应对的注意事项

（1）禁止点火：不要出于含照明在内的任何原因点火，因为可能会点燃泄漏的煤气，引起爆炸。

（2）切断电源：在离开房屋避难前应拉下总电闸，切断房间电源，以免漏电发生火灾。

（3）禁止光脚行走：地震时地面上很可能布满尖锐的玻璃或其他坠落物的残渣，如果情急之下忘记穿鞋袜便往外跑，非常容易划伤脚，会使避难行动难度大大增加，甚至导致避难失败，威胁生命。

四、地震逃生的应对误区

（1）不要乘坐电梯逃生，而要选择安全通道逃生。地震发生后，电梯一般会自动停止运行，也可能因停电或井道变形等而突然停止运行。如果地震时人正好在电梯里，应迅速按下所有楼层按钮，电梯一停马上离开，以免被困在电梯里或者电梯失控造成伤亡。

（2）不要盲目往外跑。地震时盲目外逃可能会更危险，如在外逃过程中被塌落的屋瓦、砖块砸伤，或者在人员密集场所乱跑乱挤而引起踩踏伤亡。

▼ 步骤三　牛刀小试

实训活动　小组情景演练

模拟应对地震

1. 情景演练观摩。指定5名学生进行角色模拟，2人扮演幼儿，1人扮演教师，1人扮演家长，1人扮演救援员。

（1）教师发现地震，停下一切活动，告诉幼儿不要紧张，保持冷静，听从教师的引导。

（2）地震发生时教师立即打开大门，并判断是否具备撤离条件，保证幼儿安全。

（3）若未能在第一时间逃离房屋，教师立即组织幼儿躲在安全角落，采取正确姿势保护自己，等情况平稳后再组织幼儿逃生。

（4）地震停止后，教师根据具体情况判断是否立即组织幼儿安全撤出。

（5）教师组织幼儿在安全的应急避难场所等待，以防受到二次伤害，注意安抚幼儿情绪。

（6）若有受伤幼儿，教师要采取正确方法组织幼儿进行避难和呼救。对幼儿进行应急处理后及时送医，告知医生已采取的应急措施。

（7）灾情过去后，向幼儿和家长介绍防灾和应急的方法，加强幼儿和家长的消防安全意识。

（8）在情景演练过程中，其余学生观摩并记录。演练结束后，观摩学生指出参与角色扮演的学生做得好的地方和不够好的地方。

2. 小组实训演练。班级其他学生以6人为一小组演练以上情景，其中5人进行情景演练，1人观摩记录。小组演练结束后进行组内讨论、总结，然后轮换角色再次演练、总结，并将实训过程记录在表4-4-1中。

表 4-4-1　实训活动记录表

小组序号		小组名称		组长	
小组成员及分工					
情景演练观摩要点记录（记录想法、思考等）					
小组实训演练总结（记录步骤、遇到的难题、如何解决、收获等）					

▼ 步骤四 任务实施评价

所有小组均要对本组和其他小组进行讨论评价，并记录在表 4-4-2 中。

表 4-4-2 任务评价表

实训内容	评价要素	建议评价标准
地震的应对措施	（1）能够稳定幼儿的情绪 （2）能正确组织幼儿从逃生通道安全撤离 （3）能够组织幼儿采取正确方式进行避难，保证自身安全 （4）能够根据具体情况组织幼儿进行紧急撤离 （5）会和家长沟通地震情况及处理情况 （6）知道在托幼机构该如何应对地震	全部正确（8 ~ 10 分） 4 ~ 5 点正确（6 ~ 8 分） 2 ~ 3 点正确（3 ~ 5 分） 1 点及以下正确（0 ~ 2 分）
自我评价及评分：		
组内评价及评分：		
教师评价及评分：		
综合评分：自我评分（20%）+ 组内评分（30%）+ 教师评分（50%）=		

◎育婴专栏

地震可能造成家具倒塌、掉落，会对婴儿造成伤害。照护者应及时带着婴儿趴下并掩护婴儿，尽量蜷曲身体、降低身体重心，在掩护体旁保护其头颈、眼睛和口鼻。待地震结束后听从专业救援人员指挥，有序逃生到开阔地带，防止拥挤和踩踏。

思考提升

判断题：

1. 震后撤离到安全地带时要注意避开人流，不要拥挤，不要随意点明火。（　　）

2. 地震被困时要不停地大声呼救。（　　）

3. 当地震还在持续时，将活动范围限制在某个安全地点周围几步之内，晃动停止、确认安全后再离开房屋。（　　）

4. 地震时房屋倒塌后会在床沿下、结实牢固的桌边、内墙墙根、墙角、厕所等开间小的地方形成三角空间，这些地方是相对安全的地点。（　　）

5. 地震是无法预料的，因此在日常生活中也无法进行有效的防范工作。（　　）

任务五 食物中毒的引发原因、预防及应对措施

任务背景

2021年6月17—18日，日本富山市内的中小学和保育园有超过1500名师生出现了腹泻和腹痛等症状，富山市保健所断定这是由供餐的牛奶引起的集体食物中毒。19日，富山市保健所对该牛奶的生产企业下达了停止营业的处分。

事件来源：https：//mp.weixin.qq.com/s/Q3mQqmO5QkC9RnWrylHNmw

同学们，遇到幼儿食物中毒事件，你会怎么应对呢？

任务目标

课前预习

1. 了解食物中毒的引发原因、预防及应对措施。
2. 能绘制“幼儿食物中毒预防措施与救助方法”思维导图。
3. 学习如何与食物中毒幼儿的家长进行有效沟通。
4. 开展安全教育，具有防范食物中毒的安全意识。
5. 重视生命安全教育，树立科学的照护观。

任务准备

1. 准备饮用水、食用盐、水杯、生姜、塑料袋、毛巾、纸巾。
2. 准备医生服装。

任务实施

▼ 步骤一 技能示范

托幼机构的数名幼儿在喝牛奶时突然出现呕吐和腹痛症状，教师应该怎么做呢？

（1）立即让所有幼儿停止进食，隔断所有疑似有毒食物，避免更多幼儿食物中毒。收集呕吐物以及有可能引起中毒的食物，待专业人员检验。

（2）安慰食物中毒的幼儿，并安抚全体幼儿不要紧张，让他们耐心等待。

（3）迅速拨打120急救电话，将幼儿送至医院救治，立即向托幼机构负

4-5-1

责人汇报情况，及时通知托幼机构的保健医生前来帮忙处理。

（4）协助保健医生确认幼儿中毒情况，在等待救护车到来期间可以视情况对幼儿进行救助。教师对幼儿救助的具体措施如下：

①引导幼儿大量饮水，稀释毒素。

②若幼儿饮用的是非强酸碱性液体，食用时间在 1 ～ 2 小时之内，且意识清醒、无明显呕吐症状，教师可以让幼儿保持低头或侧卧体位，采取口服催吐和压迫咽喉两种方式对幼儿进行催吐。

饮水和催吐

③用塑料袋将幼儿的呕吐物装好，用干净毛巾为幼儿擦去污渍。

④封存有毒食物，以便后续查明食物中毒原因。

（5）食物中毒的幼儿得到了救助，应及时与家长沟通并说明处理情况。

（6）继续密切关注全体幼儿，及时将其他食用过有毒食物的幼儿送往医院检查。

▼ 步骤二　知识梳理

食物中毒的定义很广泛，我国将食物中毒定义为摄入含有有毒有害物质后出现的非传染性疾病。根据幼儿摄入有毒有害物质的类型，幼儿的食物中毒可以划分为化学性食物中毒、细菌及其毒素性食物中毒、真菌性食物中毒和有毒动植物食物中毒四类。幼儿食物中毒的症状与幼儿摄入有毒有害物质的类型和数量密切相关。幼儿的消化系统发育不完善，其消化管黏膜十分细嫩，消化腺功能较差。虽然不同类型的有毒有害物质会引发不同的食物中毒症状，但是一般而言，这些有毒有害物质被幼儿误食，进入幼儿的消化系统后，首先会引起幼儿消化管的强烈反应，表现为恶心、呕吐、腹泻等症状，食物中毒常见症状如图 4–5–1 所示。当有毒有害物质被幼儿的消化腺吸收分解，进入血液之后，其就会开

图 4–5–1　食物中毒常见症状

始损害幼儿的肝脏、肾脏等器官，甚至造成更严重的损伤。

一、引发食物中毒的原因

（1）生食和熟食没有分区存放，造成生熟食的交叉感染。

（2）天气条件差，食物储存方式不当。

（3）食物本身含有有毒物质或烹饪方式不正确。

（4）食堂工作人员不注重个人卫生，造成食物细菌超标或餐具被污染。

（5）幼儿好奇心重，误食了不干净或来源不明的食物。

（6）人为因素，蓄意投毒。

二、如何预防食物中毒

（1）保持托幼机构环境的干净整洁，特别注意厨房与食堂的卫生，定期定时对厨具和餐具进行消毒，注意防治苍蝇、蚊子、老鼠、蟑螂等有害动物。

（2）纠正幼儿偏食的习惯，合理科学地安排幼儿的饮食和饮水，增强幼儿的身体免疫力和消化系统免疫力。

（3）引导幼儿养成良好、健康的饮食习惯，饭前便后要洗手，不吃陌生人给的食物，也不吃不干净的食物。

（4）加强托幼机构内部预防食物中毒的宣传教育，增强托幼机构全体教职工和全体幼儿的防食物中毒意识，介绍常见的容易引起中毒的食物，如没有煮熟的四季豆、发了芽的土豆、发霉的馒头等。

（5）托幼机构严把食品“进口”质量关。完善托幼机构的食品采购与监督机制，保证托幼机构食品的卫生与品质。

（6）净化托幼机构食品的加工链与“出口”。加强对厨房与食堂工作人员的监督与培训，提升厨房与食堂工作人员的个人卫生素养，确保托幼机构食品存储、加工和烹饪方式的科学性，防止食物在生产加工过程中被污染。

三、食物中毒救助的注意事项

（1）发现食物中毒后，教师应立即隔断所有潜在的有毒食物，并在事后查明中毒原因，以免幼儿再次中毒。

（2）催吐需要在幼儿清醒的状态下进行，尽量先选择口服催吐方式，再选择压迫咽喉的方式。若幼儿口服浓食盐水和生姜水后仍不呕吐，则采取压迫咽喉催吐的方式。若幼儿已经昏迷，教师应立即将幼儿送往医院抢救。

（3）若幼儿对生姜类食物过敏，不可采取生姜水催吐法。

（4）对食物中毒幼儿进行催吐时，尽量采取低头或侧卧的体位。避免头部向上，因为呕吐物进入气管易导致幼儿窒息、支气管炎症等情况。

四、食物中毒救助误区

误服强酸碱性液体而造成的食物中毒，切忌催吐。当幼儿误服强酸碱性液体后，教师和家长不能自行对幼儿催吐，应尽快将其送往医院处理。这是因为无论是强酸性液体还是强碱性液体，都具有极强的腐蚀性，若教师和家长强行对幼儿进行催吐，容易让已经流入胃部的有毒液体再次返回幼儿的消化管、气管、咽喉、口腔等部位，从而导致幼儿的消化系统再次受到腐蚀和伤害。常见的强酸性液体有盐酸溶液、硝酸溶液、硫酸溶液等，常见的强碱性液体有氢氧化钠溶液等。

▼ 步骤三　牛刀小试

实训活动 绘制思维导图——“幼儿食物中毒预防措施与救助方法”

案例：早上，奶奶在欢欢的早餐中放了几颗白果。等奶奶和欢欢到达幼儿园时，赵老师发现欢欢捂着肚子，看起来有些不舒服，便询问奶奶：“欢欢今天早餐吃了什么？肚子不舒服吗？”奶奶回答道：“跟平常一样，我还给他吃了几颗白果。”赵老师一听便意识到大事不好，急忙对奶奶说道：“欢欢奶奶！白果是有毒的！不能给欢欢吃！”这时，欢欢突然倒在地上，哭喊着说自己肚子好疼，赵老师和奶奶都吓坏了。请问接下来赵老师应该怎么处理欢欢食物中毒的情况？

1. 小组绘制思维导图。班级学生以 6 人为一小组，各小组分工合作，绘制思维导图“幼儿食物中毒预防措施与救助方法”，并将成果拍照上传至学习平台。

要求：充分结合以上案例，必须在思维导图中体现食物中毒的原因、预防措施及应对方法。

2. 所有小组均要对本组设计完成的思维导图进行组内讨论，总结小组分工合作步骤、思维导图的优点与不足、小组反思与收获，并记录在表 4-5-1 中。

表 4-5-1 实训活动记录表

小组序号		小组名称		组长	
小组成员及分工					
分工合作步骤					
优点与不足					
反思与收获					

▼ 步骤四 任务实施评价

所有小组均要对本组和其他小组的思维导图进行讨论评价，并记录在表 4-5-2 中。

表 4-5-2 任务评价表

实训内容	评价要素	建议评价标准
绘制思维导图——“幼儿食物中毒预防措施与救助方法”	（1）思维导图形式简洁，生动形象，美观工整 （2）思维导图内容科学完整，结构清晰，具体标准如下：原因；预防措施；救助方法（①能够及时隔断有毒食物；②能够稳定幼儿的情绪；③能够判断幼儿食物中毒的状况，协助保健医生确定是在托幼机构内应急处理还是将幼儿送往医院；④能够采用正确的措施，独立快速对幼儿进行救助；⑤能够根据幼儿情况决定是否催吐及催吐的具体方式，并对幼儿保持密切关注；⑥能够及时和家长沟通幼儿食物中毒情况及处理情况；⑦能够知道在幼儿一日生活中该如何预防食物中毒）	全部正确（10 分） 6 ~ 8 点正确（7 ~ 9 分） 4 ~ 5 点正确（5 ~ 6 分） 2 ~ 3 点正确（3 ~ 4 分） 1 点及以下正确（0 ~ 2 分）
自我评价及评分：		
组内评价及评分：		
教师评价及评分：		
综合评分：自我评分（20%）+ 组内评分（30%）+ 教师评分（50%）=		

思考提升

单项选择题：

1. 下列不属于食物中毒的是（　　）

A. 化学性食物中毒　　B. 有毒动植物食物中毒

C. 真菌性食物中毒　　D. 物理性食物中毒

2. 幼儿食物中毒时，教师可以让幼儿（　　），对幼儿进行催吐。

A. 抬头　　B. 低头　　C. 平躺　　D. 趴着

3. 幼儿食物中毒时，下列不能用于催吐的是（　　）。

A. 食用糖浆　　B. 浓食盐水　　C. 鲜生姜水　　D. 压迫咽喉

任务六 触电的引发原因、预防及应对措施

任务背景

2012年4月16日上午，海口市的何先生向南海网反映，他那身体健康的6岁侄子一早进了幼儿园，没想到几个小时后，突然接到了侄子死亡的噩耗。经警方初步调查，男童系触电身亡，疑是插座漏电造成。事后，据工作人员透露，一位老师曾突然抱着已经昏迷的男孩来到工作人员面前，说："我们赶紧给孩子进行了急救，还做了人工呼吸，但都没用。"

事件来源：https：//m.cqn.com.cn/ms/content/2012-04/17/content_1516576.htm

同学们，如果你是事故现场的老师，你会怎样帮助触电的幼儿脱离险境？又该怎样预防幼儿触电事故的发生呢？

任务目标

课前预习

1. 了解触电的引发原因、预防及应对措施。
2. 能结合案例模拟触电的处理方法，并编制"预防触电儿歌"。
3. 能模拟与触电幼儿的家长进行有效沟通。
4. 能够开展防范触电的安全教育，具有较强的防触电安全意识。
5. 加强对幼儿照护的职业认知，树立科学的照护观。

任务准备

1. 准备木棒、插座、纱布、纸巾。
2. 准备医生服装。

任务实施

▼ 步骤一 技能示范

自主游戏时间，一名幼儿因触摸了电视机插座而被电倒在地，教师应怎么做呢？

（1）及时切断电源，帮助幼儿脱离电源。若电源开关箱在附近，可以立

即拉下开关以切断电源。

（2）若电源箱距离较远，应遵循就近原则，利用绝缘工具迅速将电源线砍断或拨开。优先选择绝缘性良好的电工钳等砍断电源线，或利用干燥的木棒、竹竿和塑料管等迅速将电源线拨离触电幼儿。

（3）将脱离电源的幼儿迅速转移至通风干燥处平躺仰卧，解开其衣裤，确保其呼吸通畅。

（4）呼唤幼儿姓名，判断其生命体征，检查有无伤口。检查幼儿的口腔并用纱布或纸巾清理口腔黏液，若发现异物及时取出，注意观察幼儿的呼吸和脉搏。

（5）迅速拨打 120 急救电话，并立即向托幼机构负责人汇报情况，及时通知托幼机构的保健医生前来帮忙处理。

（6）等待救护车过程中，教师和保健医生要视情况对幼儿实施现场急救。若幼儿意识清醒，则让其就地休息；若幼儿已经失去意识和呼吸，要立即使用心肺复苏术对其进行现场抢救，直至医护人员赶到。

（7）经过上述处理，触电幼儿得到应急救助，教师应及时与家长沟通其触电情况及处理情况。

▼ 步骤二　知识梳理

触电是指人体接触了各种带电设备，从而导致电流通过人体并且对人体造成不同程度的损伤。一般而言，人体触电的电流越大、时间越长，则人体遭受到的电击伤害就越大，人体的死亡概率也就越高。触电也称为电击伤，根据触电引起的人体病理和生理效应，其对人体的伤害分为两种类型：电击和电伤。电击伤的严重程度受到电流大小、触电时间长短等因素的影响。通常情况下，人体在遭受电击伤之后，会出现头晕、心悸、面色苍白等症状，严重者会昏迷、心脏停搏、呼吸停止，甚至死亡。

一、引发触电的原因

（1）用电线路及电器的使用不规范，超负荷使用或使用时间过长，造成电器老化过快。

（2）用电线路及电器绝缘不良，如灯头、插座等带电部分外露。

（3）使用了不正规或质量不合格的电器。

（4）幼儿防触电意识薄弱，用湿手擦拭、触摸或操作电器。

（5）幼儿好奇心强，喜欢模仿成年人去拔电视插头，或将金属勺子等物品放进插孔里，更有甚者将手指放进插孔里，极易造成触电。

（6）教师看管不力，没有及时发现并制止幼儿的危险行为。

二、如何预防触电

（1）严格把控电器的质量，使用正规的电器，遵守安全用电规章制度。

（2）不超负荷使用电器，科学控制电器使用时间，如活动室内的空调每开 2 小时就关闭，并开窗通风。

（3）定期检查、维修并更换老旧电器，若电器损坏要及时通知专业的维修人员，不得擅自处理。

（4）确保用电线路及电器的绝缘良好，如灯头、插座等带电部分不外露。

（5）将容易引发触电的电器放置在幼儿不能触及的地方，如将闲置插座放在幼儿够不到的柜子上面。

（6）加强预防触电的宣传教育，增强托幼机构全体教职工和全体幼儿的防触电意识，普及防触电常识。

（7）嘱咐幼儿不能用手触碰插头、灯头等带电物品，加强看管，确保幼儿人身安全。

三、触电应对的注意事项

（1）对高压触电的幼儿，教师应该迅速拉下开关，或迅速呼救，让专业人员采取特殊措施切断电源。

（2）若触电幼儿经过急救已经恢复心跳，教师切勿随意搬动幼儿，以防其再次心脏停搏，应该原地等待医生援助。

（3）在触电的处理中，尽快切断电源和脱离电源、按压心脏和进行人工呼吸、立即将幼儿送往最近的医院抢救是非常重要的三步。

四、触电急救误区

当发现幼儿触电时，教师切勿直接用手去拉扯幼儿，切勿在未断开电源的情况下就对幼儿实施急救。教师要在确保自身和触电幼儿周围环境安全的基础上，再进行下一步的急救处理，不能盲目施救，以免造成触电事故的再次发生。

▼ 步骤三　牛刀小试

实训活动 小组情景演练；模拟应对幼儿触电事故，并编制“预防触电儿歌”

案例：小朋友们正在愉快地玩着区角游戏。“啊！”生活区里突然传来婷婷小朋友的一声惨叫，牟老师急忙跑过去查看情况，发现婷婷已经瘫倒在地。原来是婷婷趁老师不注意跑到生活室里去看动画片，结果小手不小心碰到了老旧的电视机插座，被电击倒了。请问接下来牟老师应该怎么处理婷婷触电的情况？

1. 小组情景演练。班级学生以 6 人为一小组进行情景演练，其中 5 人分别扮演触电幼儿婷婷、牟老师、保健医生、医院医生、婷婷家长；另外 1 人观摩并记录，然后角色轮换再次演练。

（1）牟老师发现婷婷触电，婷婷模拟出触电的症状。牟老师针对婷婷的触电症状进行急救处理。

（2）触电急救过程中，牟老师需要就近选择正确的绝缘工具，帮助婷婷脱离电源。

（3）帮助婷婷脱离电源后，牟老师要迅速将婷婷转移至通风处平躺仰卧，解开婷婷的衣裤，并判断婷婷的生命体征，检查有无伤口，并清理婷婷的口腔，观察婷婷的呼吸和脉搏。

（4）牟老师迅速拨打 120 急救电话，立即向托幼机构负责人汇报情况，及时通知保健医生前来帮忙处理。

（5）等待过程中，牟老师和保健医生要对意识不清或昏迷的幼儿进行心肺复苏，直至医护人员赶到。

（6）医护人员接走幼儿后，牟老师向家长电话说明婷婷在托幼机构触电的情况及处理的过程，并请家长及时赶到医院。

（7）情景演练的观摩记录表如表 4-6-1 所示。演练结束后，观摩学生指出参与角色扮演的学生做得好的地方和不够好的地方，并提出建议。

表 4-6-1　观摩记录表

小组序号		小组名称		组员	
优点					
缺点					
建议					

4-6-4

2. 编制“预防触电儿歌”。演练结束后，组内 6 人共同讨论，总结演练经验，并一起编制“预防触电儿歌”，将编制过程、儿歌成果和反思与收获记录在表 4-6-2 中，并以小组为单位将该表格拍照上传至学习平台。

表 4-6-2 实训活动记录表

<table>
<tr><td>小组序号</td><td></td><td>小组名称</td><td></td><td>组长</td><td></td></tr>
<tr><td>小组成员及分工</td><td colspan="5"></td></tr>
<tr><td>编制过程</td><td colspan="5"></td></tr>
<tr><td>儿歌成果</td><td colspan="5"></td></tr>
<tr><td>反思与收获</td><td colspan="5"></td></tr>
</table>

▼ 步骤四 任务实施评价

所有小组均要对本组和其他小组的儿歌进行讨论评价，并将讨论结果记录在表 4-6-3 中。

表 4-6-3 任务评价表

<table>
<tr><th>实训内容</th><th>评价要素</th><th>建议评价标准</th></tr>
<tr><td>模拟应对幼儿触电事故；编制“预防触电儿歌”</td><td>（1）情景演练体现触电的急救方法
①能够及时有效地切断电源
②能够将幼儿迅速转移至通风处并使其平躺
③能判别幼儿触电的状况，并迅速拨打急救电话
④能正确进行心肺复苏术，独立快速处理幼儿触电
⑤能及时和家长沟通幼儿触电情况及处理情况
（2）儿歌切题，体现触电的预防措施
（3）儿歌内容写实，科学正确
（4）儿歌语句简单，朗朗上口</td><td>全部正确（10 分）
4 ~ 5 点正确（6 ~ 8 分）
2 ~ 3 点正确（3 ~ 5 分）
1 点及以下正确（0 ~ 2 分）</td></tr>
<tr><td colspan="3">自我评价及评分：</td></tr>
<tr><td colspan="3">组内评价及评分：</td></tr>
<tr><td colspan="3">教师评价及评分：</td></tr>
<tr><td colspan="3">综合评分：自我评分（20%）+ 组内评分（30%）+ 教师评分（50%）=</td></tr>
</table>

思考提升

判断题：

1. 发现幼儿触电时，教师要立即使用绝缘工具帮助其脱离电源。(　　)
2. 触电幼儿恢复心跳后，教师可以引导其慢慢走回活动室休息。(　　)
3. 发现幼儿触电时，教师可以使用干燥的铁棍帮助其脱离电源。(　　)

任务七　暴力事件的引发原因、预防及应对措施（选学）

课前预习

任务七内容

任务八　走失冒领的引发原因、预防及应对措施（选学）

课前预习

任务八内容

任务九　儿童性侵害的引发原因、预防及应对措施（选学）

课前预习

任务九内容

项目五

幼儿常见意外伤害事故的应急处理及预防

意外伤害事故的发生具有必然性和偶然性。在托幼机构，幼儿发生意外伤害事故是无法避免的。意外事故有大有小，伤势有轻有重，托幼机构在幼儿突发意外的情况下，迅速准确地判断伤情的轻重并妥善处理能够为去医院进一步救治奠定基础，有助于保护幼儿生命健康。为了能在发生意外时采取有效的应急措施，从而减轻幼儿受到的伤害，教师必须掌握一些常见的意外伤害事故的防范举措和应急处理方法。

知识目标

1. 理解幼儿意外伤害事故的含义及常见原因。
2. 掌握幼儿常见意外伤害的诊断评估方法。
3. 熟悉掌握幼儿常见意外伤害发生后的应急处理方法。
4. 熟悉幼儿常见意外伤害事故的防范举措。

技能目标

1. 能对在意外伤害中受轻伤的幼儿进行正确的应急处理，能协助保健医生对受中度、重度伤害的幼儿进行预处理并及时送医。
2. 能识别并排除托幼机构存在的意外伤害安全隐患。
3. 能掌握意外伤害的急救原则和方法。

素质目标

1. 强化安全意识和安全责任：重在预防、贵在评估、胜在处理。
2. 把握契机，在一日生活中渗透对幼儿的安全教育。

任务一　意外伤害事故的含义及常见原因

任务背景

新生家长会上有家长提问："老师，听说你们幼儿园上学期一个小朋友从滑梯上摔下来，手摔断了，请问你们幼儿园怎么处理意外伤害事故的呢？"

同学们，如果你是现场的教师，你该如何回答？

任务目标

1. 了解意外伤害事故的含义及常见原因。

2. 掌握伤害现场的急救原则。

3. 思想上高度重视安全工作，具有安全意识，减少幼儿意外伤害事故的发生。

课前预习

任务准备

知道常见的意外伤害事故，了解意外伤害事故对幼儿的危害。

任务实施

▼ 步骤一　技能示范

"任务背景"中新生家长的提问是很多家长都关心的问题。对于托幼机构来说，意外伤害事故的处理也关系到托幼机构的办园质量与口碑。可以这样向家长进行说明：我们有非常详尽规范的安全制度和安全工作守则，尽可能保护幼儿安全，但如果幼儿不幸遭遇意外伤害事故，我们将遵循以下原则进行伤害现场的急救。

1. 判断现场环境是否安全，做好防护，避免交叉感染

无论遇到什么样的意外伤害事故，都需要判断现场环境是否安全、能不能立即上前救助、是否需要先将幼儿转移，比如火灾、触电等现场，都需要先排险再抢救。同时为了避免可能发生的交叉感染，需要做好自我防护，比如戴好口罩、手套等。

2. 急救知识的普及

保健医生、教师与园内其他工作人员都应掌握一定的急救知识与技术，以应对突发、紧急的情况，在第一时间对幼儿的伤情作出合理的判断与处置，避免二次伤害。

3. 与家长做好沟通

现场有专人在第一时间联系幼儿家长，告知伤情，征求意见，以最快、最合理的方式对幼儿进行救治。

▼ 步骤二　知识梳理

一、意外伤害事故的含义

意外伤害事故是指外来因素（包括机械性、物理性、化学性和生物性等因素）突然对人体造成损伤，如交通事故、割伤、急性中毒、触电、烧烫伤、高空坠落、窒息、溺水等。

二、意外伤害事故的常见原因

1. 教师的安全意识薄弱，安全措施落实不到位

托幼机构发生的幼儿意外伤害事故很多是由教师安全意识薄弱、安全措施落实不到位造成的。例如，教师脱离岗位，远离幼儿活动区域，造成幼儿意外伤害事故；热水壶、热水杯、热汤等摆放不正确造成幼儿烫伤；在活动区提供不适合幼儿使用的剪刀、小刀造成幼儿割伤等。

2. 幼儿安全意识薄弱，缺乏自我保护能力

幼儿年龄小，对新鲜事物充满好奇，活泼且好动，但是对周围事物缺乏正确的认知和判断，安全意识薄弱，预料不到危险，无法估计后果，所以更容易发生意外伤害事故。例如，幼儿用手抠电源插座造成触电、从高处往下跳造成骨折、什么东西都往嘴里放造成误食等。

3. 托幼机构的环境因素

托幼机构的客观环境因素也会引发幼儿意外伤害事故。例如，户外场地不平整或塑胶场地雨后湿滑造成幼儿跌伤；桌角、墙角的尖角没有保护装置造成幼儿割伤；用房拥挤发生意外等。

▼ 步骤三　牛刀小试

实训活动 案例收集与分析

1. 分小组收集托幼机构意外伤害事故，每组收集一个案例。

2. 根据伤害现场急救原则，小组讨论出案例的处理流程，并记录在表5-1-1 中。

表 5-1-1　实训活动记录表

小组序号		小组名称		组长	
小组成员及分工					
案例记录			处理流程		

▼ 步骤四　任务实施评价

所有小组均要对本组和其他小组的案例处理流程进行讨论评价，并记录在 5-1-2 中。

表 5-1-2　任务评价表

实训内容	评价要素	建议评价标准
伤害现场急救原则	（1）根据案例情况分析，能够先判断场地是否安全、能不能立即实施救助、需不需要立即转移幼儿 （2）做好自我防护 （3）对幼儿伤情作出合理判断 （4）上报托幼机构负责人和保健医生 （5）联系幼儿家长	全部正确（8 ~ 10 分） 4 ~ 5 点正确（6 ~ 8 分） 2 ~ 3 点正确（3 ~ 5 分） 1 点及以下正确（0 ~ 2 分）
自我评价及评分：		
组内评价及评分：		
教师评价及评分：		
综合评分：自我评分（20%）+ 组内评分（30%）+ 教师评分（50%）=		

5-1-3

思考提升

多项选择题：

以下哪些属于意外伤害事故？（　　）

A. 车祸　　B. 烧烫伤　　C. 误食洗衣液　　D. 地震

判断题：

1. 意外伤害事故发生后一定要第一时间进行人员抢救，将受伤人员搬到安全位置。（　　）

2. 托幼机构教师需要掌握一定的急救知识与技术，以应对突发的、紧急的情况，在第一时间对幼儿的伤情作出合理的判断与处置。（　　）

任务二　擦伤应急处理方法及预防

任务背景

小朋友们正在操场做早操。小明在跳跃时突然滑倒在地，膝盖处擦出了血，坐在地上哭了起来。

同学们，如果你是现场的老师，你可以对小明的擦伤进行初步处理吗？

任务目标

课前预习

1. 了解擦伤的常见原因和不同程度的擦伤症状。

2. 能评估判断不同程度的擦伤，并按要求科学规范处理。

3. 能安抚幼儿情绪并与家长沟通。

4. 具有防范幼儿擦伤的安全意识，并对幼儿进行防范擦伤的安全教育。

任务准备

准备生理盐水、棉签、消毒药品（碘伏、百多邦等）、创可贴、灭菌纱布。

任务实施

步骤一　技能示范

正在做早操的小明不慎滑倒擦伤了，教师该怎么应急处理呢？

（1）安抚幼儿不要紧张，如擦伤较轻可让幼儿就近坐下，同时让保育员组织好其他幼儿，视情况决定是否求助托幼机构负责人。教师需要根据幼儿擦伤的深度和面积来作进一步的处理。

（2）用干净水（如医用生理盐水、纯净水、蒸馏水、矿泉水）冲洗幼儿创面，去掉伤口表面的细小异物。如擦伤面积不大也可以直接用自来水进行冲洗。

（3）在幼儿创口表面涂抹消毒药品（碘伏、百多邦等），如果表面未再出血，保持伤口干燥，无须包扎；如果伤口仍有出血，可根据伤口面积大小用创可贴或者灭菌纱布进行包扎。

（4）对于擦伤后出血明显的幼儿，需用灭菌纱布紧按伤口至少 5 ～ 10 分钟直至出血停止。

（5）如果幼儿擦伤皮损或污染程度严重，应立即保护伤口并派专人送医院外科进行清创处理，同时上报托幼机构负责人。

▼ 步骤二　知识梳理

擦伤是指皮肤表皮或真皮的损伤，伤势大都比较轻微。如果幼儿的伤口小且浅，仅仅擦破表皮而没有出血，只需将伤口处的细小异物清洗干净即可；如果幼儿的伤口较深或有出血，应立即清理伤口，止血后进行消毒。如托幼机构保健医生无法处理时应立即将幼儿送医，同时联系其家长前往。

一、如何预防幼儿擦伤

（1）保持教室内及卫生间地面的干爽，防止幼儿因滑倒而擦伤。

（2）幼儿外出活动时教师提前检查场地安全。

（3）幼儿运动时，教师要注意观察每一位幼儿的状况。如幼儿运动强度过大时教师要做出调整，出现异常时要及时干预。

（4）教师引导家长给幼儿穿着合适的衣裤、鞋子，避免因衣物、鞋子不合适而造成幼儿摔倒擦伤。

二、擦伤程度评估及应急处理

幼儿擦伤不同程度伤情症状、评估判断和应急处理方法如表 5-2-1 所示。

表 5-2-1　幼儿擦伤不同程度伤情症状、评估判断和应急处理方法

幼儿擦伤不同程度伤情症状	评估判断	应急处理方法
擦伤面积较小、伤口较浅，仅有血丝渗出，伤口表面无明显异物	毛细血管损伤	清洗伤口，消毒，保持伤口干燥，无须包扎
擦伤面积较大、伤口较深，出血较多，伤口有浅表异物	静脉血管损伤，伤口有污染	清洗伤口，去除表面异物，灭菌纱布压迫伤口止血，用力持续按压至少 5 ～ 10 分钟至出血停止。用灭菌纱布包扎。若皮损严重，只做伤口保护后送医

续表

幼儿擦伤不同程度伤情症状	评估判断	应急处理方法
面部擦伤	特殊伤情	面部擦伤要注意使用无色素残留的消毒药物，如百多邦。面部尤其是眼部皮肤较薄，轻微撞击也可能造成皮肤裂开，需仔细检查伤口，必要时送医处理

三、擦伤处理后的注意事项

（1）使用灭菌纱布或创可贴保护伤口时，教师需要每天为幼儿检查伤口、消毒伤口并更换创可贴，直至伤口结痂。

（2）教师要注意保护幼儿结痂伤口，分散幼儿注意力，避免其挠抓伤痂。

（3）幼儿面部擦伤时最好使用无色素沉着风险的百多邦等药物消毒，教师要及时告知家长做好伤口护理。

四、擦伤处理误区

（1）使用酒精消毒：酒精刺激性较强，可能引起幼儿哭闹，还可能对幼儿娇嫩的皮肤造成损伤。因此，擦伤不建议使用酒精消毒。

（2）使用红药水、紫药水和碘酒消毒：红药水里含有红汞，汞是有毒性的，它可以通过皮损处被人体吸收；紫药水的成分是龙胆紫，它的杀菌作用比较弱，还会在伤口留下色素沉着；碘酒含有酒精，对伤口有刺激，也有可能造成伤口色素沉着。

▼ 步骤三　牛刀小试

实训活动 小组情景演练

1. 情景演练观摩。指定 5 名学生进行角色模拟，分别扮演擦伤幼儿、教师、保育员、保健医生、医院医生。

（1）教师发现一名幼儿擦伤，观察其伤口情况，视擦伤情况选择是在托幼机构内处理还是送医院处理。

（2）教师及时联系幼儿家长，向家长介绍幼儿擦伤的情况及处理的方法。如需送医院则要请家长同时赶往医院。

（3）在擦伤处理过程中，幼儿表示口渴、饿了，或者怕痛不配合处理等，教师采取正确的方法应对幼儿的需求。

5-2-3

（4）如擦伤情况较重，教师和保健医生需要将幼儿送往医院。到了医院，教师需要向医院医生描述幼儿擦伤时间、症状和已采取的应急措施及效果。

（5）教师与家长电话沟通幼儿的伤情，安抚家长情绪。

（6）在情景演练过程中，其余学生观摩并记录。演练结束后，观摩学生指出参与角色扮演的学生做得好的地方和不够好的地方。

2. 小组实训演练。班级其他学生以 6 人为一小组演练以上情景，其中 5 人进行情景演练，1 人观摩记录。小组演练结束后进行组内讨论、总结，然后轮换角色再次演练、总结，并将实训过程记录在表 5-2-2 中。

表 5-2-2　实训活动记录表

小组序号		小组名称		组长	
小组成员及分工					
情景演练观摩要点记录（记录想法、思考等）					
小组实训演练总结（记录步骤、遇到的难题、如何解决、收获等）					

▼ 步骤四　任务实施评价

所有小组均要对本组和其他小组进行讨论评价，并记录在表 5-2-3 中。

表 5-2-3　任务评价表

实训内容	评价要素	建议评价标准
幼儿擦伤的应急处理	（1）能稳定幼儿的情绪 （2）会评估判断幼儿擦伤情况，确定是在托幼机构内应急处理还是送医院救治 （3）能采用正确的措施独立快速处理幼儿擦伤 （4）知道擦伤后幼儿应在托幼机构内安静活动并对其保持密切关注 （5）会和家长沟通幼儿擦伤情况及处理情况 （6）知道在幼儿一日生活中该如何预防擦伤	全部正确（8 ~ 10 分） 4 ~ 5 点正确（6 ~ 8 分） 2 ~ 3 点正确（3 ~ 5 分） 1 点及以下正确（0 ~ 2 分）
自我评价及评分：		
组内评价及评分：		

续表

教师评价及评分：
综合评分：自我评分（20%）+ 组内评分（30%）+ 教师评分（50%）=

◎育婴专栏

当照护者发现婴儿擦伤后，要先做好幼儿的创面清洁工作，清洁伤口后可用碘伏或双氧水进行消毒。若伤口较小，可让伤口自然愈合；若擦伤面积较大，伤口沾有无法自行清洗掉的污物，受伤部位肿胀或伤口周边皮肉破碎、血流不止，则需立即送医就治。日常护理时尽量避免伤口碰水，做好伤口清洁，以免细菌感染。

照护者应随时关注婴儿在爬行、学步阶段的活动场地、着装是否适宜，尤其是手肘、膝关节等部位的活动应以舒适、安全为宜。

思考提升

案例分析：

请分析案例中幼儿擦伤后的清创方法。

佟佟在教室奔跑时跌倒在地擦伤了。班里有的孩子也有过擦伤的经历，孩子们看到佟佟擦伤后，纷纷围了过来，当“小医生”出主意。

一个孩子说：“用我这瓶纯净水把擦伤的膝盖冲一冲。”一个孩子说：“赶快贴张创可贴吧！我以前也贴过的。”一个孩子说：“快用我的手绢把伤口包上吧。”一个孩子说：“马上告诉老师，请老师来处理吧。”

孩子们说得对吗？该怎么处理呢？

任务三　皮下血肿应急处理方法及预防

任务背景

轩轩和安安撞到了头，两人都哭了。老师走近一看，发现两个孩子的额头都红了，轩轩的额头上还隆起一个大包。

同学们，如果你是班级教师，你会怎样处理轩轩额头上的大包呢？

任务目标

课前预习

1. 了解皮下血肿的原因，掌握应急处理方法。
2. 会评估判断皮下血肿伤情，并按要求科学规范处理。
3. 会在一日生活中对幼儿进行防撞安全教育。
4. 具有安全意识，排除托幼机构中可能导致幼儿撞伤的安全隐患。

任务准备

准备冰块、毛巾。

任务实施

▼ 步骤一　技能示范

教师该怎样处理幼儿的皮下血肿呢？

（1）安抚幼儿，评估其皮下血肿伤情，使其就近坐下。

（2）用毛巾包裹冰块敷于受伤的部位，每次外敷 15 ～ 20 分钟。

（3）72 小时后可以热敷。热敷温度不超过 50 摄氏度，以免烫伤幼儿。热敷时间不宜过长，每次 20 ～ 30 分钟，每天 2 ～ 3 次。关注幼儿热敷过程中的皮肤情况，如果皮肤潮红明显或幼儿感觉不适，应立即停止。

（4）由于幼儿头部撞击后有颅内出血的可能性，教师需要联系家长告知其受伤情况，和家长协商是否要接幼儿回家观察休息。如果幼儿有剧烈头痛、呕吐或者精神不佳、昏睡等症状，应立即上报托幼机构负责人并及时将幼儿送医，同时联系家长前往医院。

▼ 步骤二 知识梳理

皮下血肿是直径大于 10 毫米的皮肤下出血，多由外伤或血管本身因素导致，需要针对不同的原因进行治疗。皮下淤血会慢慢被机体吸收，过程大约需要 2 周。

一、如何预防幼儿皮下血肿

（1）对幼儿进行适宜的安全教育，引导幼儿学会保护自己。

（2）保持室内地面干爽，避免幼儿因滑倒导致摔伤而造成皮下血肿。

（3）在日常生活中要注意观察每一位幼儿的状况。有打闹、冲撞等现象时，教师要及时制止。

（4）引导家长为幼儿穿着合适的衣裤、鞋子，避免因衣物、鞋子不合适而造成摔伤，引发皮下出血。

二、皮下血肿程度评估及应急处理

幼儿皮下血肿不同程度伤情症状、评估判断和应急处理方法如表 5-3-1 所示。

表 5-3-1 幼儿皮下血肿不同程度伤情症状、评估判断和应急处理方法

幼儿皮下血肿不同程度伤情症状	评估判断	应急处理方法
受伤处局部有隆起或者波动感，不合并其他组织损伤	单纯皮下血肿	冷敷，每次外敷 15 ~ 20 分钟；波动感强烈、出血较多则需送医治疗
除了局部血肿，还伴有其他组织损伤	皮下血肿伴有骨折、颅内出血、内出血等组织损伤	先关注组织损伤，如颅内出血和内出血等都可能危及生命，需要立即就医；若有骨折，则需先固定再送医（详见项目五任务十一“骨折应急处理方法及预防”）

三、皮下血肿处理后的注意事项

（1）保护好幼儿发生皮下血肿的部位，防止再次发生碰撞而加重伤情。

（2）皮下血肿发生后的 24 小时内只能进行冷敷，不能揉搓，72 小时后才可以热敷，使用活血化瘀的外用药物。

（3）无论是冷敷还是热敷，均要注意温度，不能过冷或过烫。

（4）密切关注幼儿状况，警惕颅内出血。

颅内出血是指脑中的血管破裂引起出血，出血压迫周围的神经组织，初期可出现精神差、剧烈头痛、呕吐等症状，随着出血量的增大，会出现意

识障碍、呼吸困难甚至瘫痪、大小便失禁等症状。因此一旦有幼儿发生头部剧烈撞击，一定要警惕颅内出血，教师应及时与家长沟通并提醒家长做好 24 小时内的观察，必要时及时送医或拨打 120 急救电话。

▼ 步骤三　牛刀小试

实训活动 小组情景演练

1. 情景演练观摩。指定 5 名学生进行角色模拟，分别扮演幼儿、教师、保育员、保健医生、家长。

（1）教师发现一名幼儿皮下血肿，观察血肿的情况并稳定幼儿情绪，视其情况决定由保健医生处理还是送医处理。

（2）教师及时联系幼儿家长，向家长说明其皮下血肿的情况及处理的方法。如需送医则要请家长同时赶往医院。

（3）皮下血肿处理过程中，幼儿表示口渴、饿了，或者怕痛不配合处理的时候，教师和保育员需要采取正确的方法应对幼儿的需求。

（4）如幼儿皮下血肿情况较重，教师应及时上报，并与保健医生一起将幼儿送医。到了医院，教师需要向医院医生描述幼儿出现皮下血肿的时间、症状和已采取的应急措施及效果。

（5）在情景演练过程中，其余学生观摩并记录。演练结束后，观摩学生指出参与角色扮演的学生做得好的地方和不够好的地方。

2. 小组实训演练。班级其他学生以 6 人为一小组演练以上情景，其中 5 人进行情景演练，1 人观摩记录。小组演练结束后进行组内讨论、总结，然后轮换角色再次演练、总结，并将实训过程记录在表 5-3-2 中。

表 5-3-2　实训活动记录表

小组序号		小组名称		组长	
小组成员及分工					
情景演练观摩要点记录（记录想法、思考等）					
小组实训演练总结（记录步骤、遇到的难题、如何解决、收获等）					

▼ 步骤四　任务实施评价

所有小组均要对本组和其他小组进行讨论评价，并记录在表 5-3-3 中。

表 5-3-3　任务评价表

实训内容	评价要素	建议评价标准
幼儿皮下血肿的应急处理	（1）能稳定幼儿的情绪 （2）能判别幼儿皮下血肿的状况，确定是在托幼机构内应急处理还是送医处理 （3）能采用正确的措施，独立快速处理幼儿皮下血肿 （4）知道发生皮下血肿后当天内幼儿在托幼机构应安静活动并对其保持密切关注 （5）会和家长沟通幼儿皮下血肿情况及处理情况 （6）知道在幼儿一日生活中该如何预防皮下血肿	全部正确（8 ~ 10 分） 4 ~ 5 点正确（6 ~ 8 分） 2 ~ 3 点正确（3 ~ 5 分） 1 点及以下正确（0 ~ 2 分）
自我评价及评分：		
组内评价及评分：		
教师评价及评分：		
综合评分：自我评分（20%）+ 组内评分（30%）+ 教师评分（50%）=		

育婴专栏

照护者在照护婴儿的过程中，要细心关注活动环境和玩具的安全，尽量避免磕碰。若婴儿发生皮下血肿，请照护者参照本任务介绍的处理方法对婴儿进行应急处理。

思考提升

单项选择题：

1. 引起幼儿皮下血肿的原因是（　　）。

A. 失血　　B. 血管壁受损　　C. 血液病　　D. 有其他疾病

2. 幼儿出现皮下血肿后，下列做法不利于恢复的是（　　）。

A. 冷敷　　B. 安静活动　　C. 清淡饮食　　D. 马上热敷

3. 幼儿出现皮下血肿后，正确的冷敷方法是（　　）。

A. 直接用冰块敷　　B. 用毛巾包裹冰块敷

C. 一次可以敷 10 分钟　　D. 一次可以敷 20 分钟

任务四 人咬伤应急处理方法及预防

任务背景

两个小朋友正在抢玩具，小艾咬了安安的手，安安大哭起来，老师听到哭声立即赶过去查看，发现安安的手背上出现了一圈红红的牙印。

同学们，如果你是班级教师，你会怎样处理安安被同伴咬伤的手背呢？

任务目标

课前预习

1. 了解人咬伤的应急处理方法及预防措施。

2. 能按要求对人咬伤进行规范处理，并且安抚受伤幼儿情绪。

3. 能与家长沟通，家园合作开展“不咬人”的安全教育。

4. 具有安全意识，尽量避免幼儿咬伤事件，发现幼儿有咬人倾向时，立即阻止。

任务准备

准备生理盐水、棉签、碘伏、冰块、毛巾。

任务实施

步骤一 技能示范

因为争抢玩具，安安被小艾咬伤了，教师该怎么做呢？

（1）安慰小艾不要紧张，抱着她就近坐下，查看评估伤情，同时让保育员组织好其他幼儿，根据咬伤的深度和面积来作进一步的处理。

（2）如果幼儿皮肤没有破损，清洗伤处后直接进行冷敷；如果幼儿皮肤有破损，先用灭菌纱布包扎后进行冷敷。

（3）幼儿被咬伤处若出血严重，先清创止血，再包扎。

（4）必要时将幼儿送医缝合，接种破伤风疫苗。

5-4-1

▼ 步骤二 知识梳理

人咬伤是托幼机构低龄段孩子容易发生的情况，由于幼儿的自控能力和语言表达能力较弱，可能因为争抢玩具甚至是一言不合就“动手”或“动嘴”，导致幼儿被咬伤。托幼机构负责人和教师要怀着同理心及时与家长沟通，主动承担应该承担的责任，以构建良好的家园关系。

一、如何预防幼儿人咬伤

（1）活动或游戏的材料数量要充足，避免幼儿因争抢而发生肢体冲突。

（2）在一日生活中，教师要引导幼儿学习与伙伴交往合作的方法，如认真倾听、积极协商、乐于接受建议等。这样可以促进幼儿之间的友好交往。

（3）教师要引导幼儿学习使用礼貌用语，如“对不起”等；教会幼儿问候他人，如“早上好”等，这样会降低幼儿之间发生肢体冲突的可能性。

（4）妥善处理幼儿间的冲突。当幼儿间发生矛盾时，教师要公平冷静处理，引导幼儿学习处理社交冲突的方法，如诚恳道歉、参与护理等，懂得为自己的行为负责。

二、人咬伤程度评估及应急处理

幼儿人咬伤不同程度伤情症状、评估判断和应急处理方法如表 5-4-1 所示。

表 5-4-1 幼儿人咬伤不同程度伤情症状、评估判断和应急处理方法

幼儿人咬伤不同程度伤情症状	评估判断	应急处理方法
皮下有淤血，轻微皮损，未出血或少量出血	伤情较轻	冲洗干净后，冷敷消肿，皮肤消毒
皮下淤血伴有较重皮损，有出血	伤情较重	冲洗干净后，消毒伤口，灭菌纱布包扎后冷敷
皮瓣脱离，大量出血	伤情很重	清创，按压止血，同时上报托幼机构负责人并立即送医救治（止血方法详见项目五任务五“割伤应急处理方法及预防”）

三、人咬伤处理后的注意事项

（1）教师或保健医生注意观察幼儿伤口，保持伤口的清洁和干爽。

（2）教师做好与家长的沟通工作。

▼ 步骤三　牛刀小试

实训活动 小组情景演练

1. 情景演练观摩。指定 6 名学生进行情景演练，分别扮演被咬伤幼儿、教师、保育员、保健医生、托幼机构负责人、医院医生。

（1）教师发现一名幼儿被同伴咬伤，马上安抚幼儿情绪并观察其伤口情况，视咬伤情况决定由托幼机构保健医生处理还是送医院处理。

（2）及时联系幼儿家长，向家长说明幼儿在托幼机构被咬伤的情况及处理的方法。如需送医则要请家长同时赶往医院。

（3）安排好其他幼儿的照护工作。

（4）如咬伤情况较重，教师需要立即上报托幼机构负责人并及时将幼儿送医。到了医院，教师需要向医院医生描述幼儿被咬伤的时间、症状和已采取的应急措施及效果。

（5）在情景演练过程中，其余学生观摩并记录。演练结束后，观摩学生指出参与角色扮演的学生做得好的地方和不够好的地方。

2. 小组实训演练。班级其他学生以 7 人为一小组演练以上情景，其中 6 人进行情景演练，1 人观摩记录。小组演练结束后进行组内讨论、总结，然后轮换角色再次演练、总结，并将实训过程记录在表 5-4-2 中。

表 5-4-2　实训活动记录表

小组序号		小组名称		组长	
小组成员及分工					
情景演练观摩要点记录（记录想法、思考等）					
小组实训演练总结（记录步骤、遇到的难题、如何解决、收获等）					

▼ 步骤四 任务实施评价

所有小组均要对本组和其他小组进行讨论评价，并记录在表 5-4-3 中。

表 5-4-3 任务评价表

实训内容	评价要素	建议评价标准
幼儿人咬伤的应急处理	（1）能稳定幼儿的情绪 （2）能判别幼儿咬伤的状况，确定是在托幼机构内应急处理还是送医救治 （3）能采用正确的措施独立快速处理幼儿咬伤 （4）知道幼儿被咬伤后当天在托幼机构应安静活动，并对其保持密切关注 （5）会和家长沟通幼儿被咬伤的情况及处理情况 （6）知道在幼儿一日生活中该如何预防咬伤	全部正确（8 ~ 10 分） 4 ~ 5 点正确（6 ~ 8 分） 2 ~ 3 点正确（3 ~ 5 分） 1 点及以下正确（0 ~ 2 分）
自我评价及评分：		
组内评价及评分：		
教师评价及评分：		
综合评分：自我评分（20%）+ 组内评分（30%）+ 教师评分（50%）=		

◎育婴专栏

婴儿出生后 4 ~ 10 个月，乳牙开始萌出，照护者需关注婴儿在与同伴游戏时的安全，尽量避免婴儿离开视线范围。若发现婴儿或其同伴有咬对方的行为要及时制止；婴儿被咬伤后，需及时为伤口清洗消毒，避免伤口感染；情况严重者，立即送医，遵医嘱确定是否接种破伤风针剂。

思考提升

多项选择题：

1. 人咬伤是托幼机构低龄段孩子容易出现的情况。当幼儿被咬伤后，教师应该让咬人的幼儿（　　）。

A. 停止游戏　　B. 赔礼道歉

C. 参与照顾被咬伤幼儿的过程　　D. 接受批评

2. 被咬伤后，下列正确的处理方法是（　　）。

A. 冷敷　　B. 安静活动　　C. 剧烈运动　　D. 用碘伏消毒

3. 幼儿被咬伤后，教师应该对幼儿的家长（　　）。

A. 赔礼道歉　　B. 解释说明情况　　C. 安抚情绪　　D. 不回应

5-4-4

任务五　割伤应急处理方法及预防

任务背景

小朋友们正在生活体验区切蔬菜，突然传来了哭喊声，老师走过去一看，发现仔仔的手被小刀割伤了，正在号啕大哭。

同学们，如果你是现场的老师，你可以对仔仔的割伤进行应急处理吗？

任务目标

1. 了解掌握不同程度割伤的评估判断与应急处理方法。

2. 能按要求规范科学地处理割伤事件。

3. 对幼儿开展防割伤的教育，帮助幼儿掌握预防割伤的方法。

4. 具有防范幼儿割伤的意识，避免在托幼机构发生幼儿割伤事件。

课前预习

任务准备

准备生理盐水、棉签、消毒药品（碘伏、百多邦等）、创可贴、灭菌纱布。

任务实施

▼ 步骤一　技能示范

仔仔被水果刀割伤了，教师应怎么处理呢？

（1）安抚仔仔坐下，查看伤口并判断伤情，如果伤口小而浅或仅割到表皮，没有流太多的血，可先用生理盐水洗净周围的皮肤，再用碘伏或百多邦对伤口进行消毒，并带幼儿去卫生保健室进一步处理。割伤处理步骤如图 5-5-1 所示。

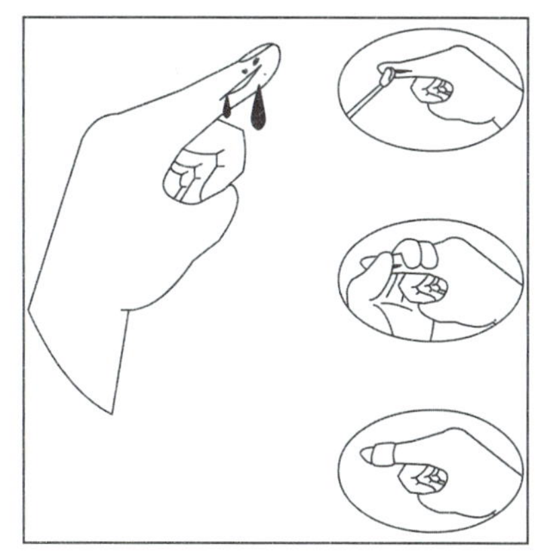

图 5-5-1　割伤处理步骤

（2）如果幼儿的伤口比较深，应首用压迫法止血。

（3）如果按压无法止血，应立即将幼儿送医救治。

▼ 步骤二 知识梳理

割伤多由锐器造成，轻微割伤可能只是皮肤和毛细血管的损伤，而严重的割伤可能会伴有肌肉、血管、神经的多重损伤，处理起来也比较复杂。整体处理原则是：积极止血，预防感染，避免二次伤害。

一、如何预防幼儿割伤

（1）照护者将危险的利器如普通剪刀、菜刀放置于高处或隐蔽的地方，避免幼儿接触到这些尖刀利器。

（2）教师引导幼儿使用刀剪等锐器时，应教会幼儿正确的使用方式。

（3）托幼机构负责人、教师及分管安全的负责人随时排查托幼机构室内外环境的安全隐患。

（4）托幼机构负责人、教师及分管安全的负责人及时检查托幼机构的玩具是否有尖锐破损的地方，材料是否适合该年龄段幼儿，排除安全隐患。

（5）教师做好幼儿的安全教育，将安全谨记于心，帮助幼儿养成安全使用剪刀等工具的良好习惯。

二、割伤程度评估及应急处理

幼儿割伤不同程度伤情症状、评估判断和应急处理方法如表 5–5–1 所示。

表 5–5–1　幼儿割伤不同程度伤情症状、评估判断和应急处理方法

幼儿割伤不同程度伤情症状	评估判断	应急处理方法
伤口割伤较浅，出血较少	毛细血管或小静脉损伤	清理并消毒伤口，伤口若不再出血可保持伤口干燥，不用包扎。手指等与外界接触较多部位可用创可贴或灭菌纱布进行包扎，保护伤口直至结痂
伤口割伤较深，出血较多	肌肉、血管损伤	清理伤口，止血，用灭菌纱布直接压迫伤口，持续用力按压 5 ~ 10 分钟直至伤口不再出血，消毒后包扎
伤口割伤非常深，出血量大，合并受伤肢体感觉和活动障碍	肌肉、大血管损伤，伴有神经损伤	查看伤口，若无异物立即采用压迫止血方式止血，如果出血量太大无法止住，可用止血带止血法并紧急送医救治

三、割伤处理后的注意事项

（1）护理好伤口，预防感染。保持伤口干爽和清洁，每日更换包扎纱布或创可贴。

（2）严重的伤口注意不冲洗、不上药，以免引起血管栓塞及感染。

（3）保护伤口，减少伤害。避免幼儿伤口受到二次损伤，如受压、摩擦或敷料过敏等。使用胶布或绷带包扎时，不宜过紧，以免过度压迫伤口。另外，幼儿不方便活动时，教师可让其暂停该活动，并引导全班幼儿注意避让。

（4）压迫止血需要持续、用力。压迫止血需用灭菌纱布等敷料压在伤口上，避免直接用手接触，如果没有灭菌纱布，可以使用干净的浅色棉布，如果出血渗透敷料，再取另外的敷料重叠按压，旧敷料不要取下，以免导致新血痂脱落加重出血。

（5）止血带止血法。当四肢有大血管损伤，加压包扎无法控制出血，而且不能用其他方法止血以致危及生命时，可使用止血带止血法。

①常用止血带：专用止血带和橡皮管，现场还可用三角巾、领带、衣物等做成约 2 ～ 3 厘米宽的布条作为止血带，但布制的止血带缺乏弹性，止血效果差，如果捆绑过紧还容易造成肢体损伤或缺血坏死，因此，尽可能在短时间内用止血带。

②捆绑部位：上肢扎在上臂的上 1/3 处，下肢扎在大腿中上部。

③操作方法（三角巾自制止血带）：先要用宽于止血带的衬垫对捆绑部位进行环形加垫以保护皮肤（如果幼儿捆绑部位衣物较厚，则无须加垫），然后将止血带在衬垫部位环绕一周打一个宽松的活结，将绞棒（如竹筷子、木棍等结实的棍状物）靠近活结插入外圈中，提起绞棒旋转绞紧直至伤口停止出血，将绞棒的一端插入活结的内圈后拉紧活结并打结固定，同时在明显的部位标注结扎止血带的时间（需精确到分钟）。

④注意事项：禁止用铁丝、电线、绳索等作为止血带；止血带松紧要适宜，每隔 40 ～ 50 分钟或者感觉肢端变凉、发绀时，要松开止血带，2 ～ 3 分钟后在原结扎部位稍高的地方再次结扎，总结扎时间不应超过 2 小时。

四、割伤处理误区

（1）消毒剂使用误区详见项目五任务二“擦伤应急处理方法及预防”。

（2）伤口包扎得过紧。包扎伤口时要留有一定空隙，否则会减少伤口接触氧气的机会，使伤口愈合变慢。此外，包扎过紧还会阻碍血液循环。

（3）随便在伤口上方结扎止血。用止血带止血是万不得已时采用的方法，使用的止血带材料、捆绑的部位和时间都有严格的规定，切不可随意乱扎，以免造成肢体坏死或心搏骤停等严重后果。

▼ 步骤三　牛刀小试

实训活动 观看视频并学习如何处理割伤；小组情景演练

1. 播放幼儿割伤处理视频，了解幼儿割伤的处理方式。

2. 模拟幼儿被割伤的情景，分小组进行情景演练。班级学生以 5 人为一小组，其中 1 人扮演仔仔，1 人扮演教师，1 人扮演托幼机构负责人，1 人扮演保健医生，1 人观摩记录。小组演练结束后进行组内讨论、总结，然后轮换角色再次演练、总结，并将实训过程记录在表 5-5-2 中。

情景演练内容如下：

（1）仔仔被小刀割伤了，情绪非常激动，害怕得号啕大哭。教师首先安抚仔仔坐下，让保育员配合拿一个玩具或与其沟通来分散仔仔的注意力，缓解紧张情绪。

（2）教师观察伤口的情况，决定是自行处理还是立即送保健室救治。针对不同伤情，选择如下不同的处理方式：

①如伤口较浅或较小，没有流太多的血，可先进行基本的处理。先用生理盐水洗净周围的皮肤，再用碘伏对伤口进行消毒，最后贴上创可贴。

②如伤口较大或较深，血流较快，先用一块干净的毛巾按压出血部位，同时立即向托幼机构负责人报告。再让仔仔平躺在地上，将受伤的手臂抬高，一直按压住伤口等待保健医生或医护人员的到来。

（3）教师与家长电话沟通，说明仔仔的伤情和处理情况，安抚家长。

表 5-5-2　实训活动记录表

<table>
<tr><td>小组序号</td><td></td><td>小组名称</td><td></td><td>组长</td><td></td></tr>
<tr><td>小组成员及分工</td><td colspan="5"></td></tr>
<tr><td>情景演练观摩要点记录（记录想法、思考等）</td><td colspan="5"></td></tr>
</table>

5-5-4

续表

小组实训演练总结（记录步骤、遇到的难题、如何解决、收获等）	

▼ 步骤四　任务实施评价

所有小组均要对本组和其他小组进行讨论评价，并记录在表 5–5–3 中。

表 5–5–3　任务评价表

实训内容	评价要素	建议评价标准
幼儿割伤的应急处理	（1）能稳定幼儿的情绪 （2）能判别幼儿割伤的状况，确定是在托幼机构内应急处理还是送医救治 （3）能采用正确的措施独立快速处理幼儿割伤 （4）知道幼儿割伤后在托幼机构应安静活动并对其保持密切关注 （5）会和家长沟通幼儿割伤情况及处理情况 （6）知道在幼儿一日生活中该如何预防割伤	全部正确（8 ~ 10 分） 4 ~ 5 点正确（6 ~ 8 分） 2 ~ 3 点正确（3 ~ 5 分） 1 点及以下正确（0 ~ 2 分）
自我评价及评分：		
组内评价及评分：		
教师评价及评分：		
综合评分：自我评分（20%）+ 组内评分（30%）+ 教师评分（50%）=		

◎育婴专栏

婴儿割伤应先观察表皮受伤情况。如伤口比较浅，则消毒、止血，因婴儿年龄小，压迫止血要持续；如伤口大而深，消毒、止血后需要马上到医院进行处理。同时，要观察刀具情况，如有生锈现象，要配合医生做相应检查，防止破伤风，遵医嘱确定是否接种破伤风针剂。

思考提升

判断题：

1. 幼儿动脉出血后教师直接用纱布给其包扎即可。（　　）
2. 幼儿伤口应该包扎得尽量紧一些，这样不容易感染。（　　）
3. 如果被切割的伤口比较深，教师首用压迫法止血，如果按压无法止血则立即送医救治。（　　）

5-5-5

任务六　鼻出血应急处理方法及预防

任务背景

小朋友们正在愉快地吃着午餐。突然，小明站起来指着同桌的小英大声说："王老师，小英流鼻血了！"小朋友们纷纷扭头注视着小英。

同学们，如果你是班级教师，你该怎么处理小英的鼻出血呢？

任务目标

课前预习

1. 了解幼儿鼻出血的症状、原因、应急处理方法及预防。
2. 能正确处理鼻出血并安抚幼儿情绪。
3. 能把握教育契机对幼儿进行防范鼻出血的安全教育。
4. 具有防范幼儿鼻出血的安全意识，在一日生活中避免幼儿鼻出血。

任务准备

准备冰袋、毛巾、棉签、棉球、纸巾、加湿器。

任务实施

步骤一　技能示范

正在吃午餐的小英鼻出血了，教师该怎么做呢？

（1）安慰小英不要紧张，让她安静地坐着，并为她松开衣领、腰带，使其头稍向后仰。

（2）用拇指和食指紧紧压住幼儿的鼻翼两侧。

（3）压迫 5 ～ 10 分钟后松手，看看是否止血，如继续流血，再重复压迫 5 ～ 10 分钟。

（4）在压迫止血的同时，还可以沾冷水轻拍或用冷毛巾敷前额、鼻部以及颈后部，以使鼻腔小血管收缩，减少出血。

（5）幼儿出血较多时，可用灭菌脱脂棉卷填塞其鼻腔。

（6）经过上述处理，如果鼻血仍然止不住，或者是反复出血，应立即送医院处理。

▼ 步骤二　知识梳理

鼻出血是临床上常见的症状之一。鼻出血多为单侧鼻出血，少数情况下可出现双侧鼻出血。多见血从前鼻孔流出，或经后鼻孔流至咽部，出血量大时两种情况可同时发生。有时鼻血流至咽部，也可表现为“吐血”，这是因为当鼻出血严重时，较多的血被咽下，刺激到胃部。除可引起腹痛、面色苍白、出虚汗外，还会呕吐出咖啡样物，即胃酸与血液发生反应，致使血液变成咖啡色，鼻血咽下经胃肠道排出还可出现黑便。鼻出血血量多少不一，轻者仅为涕中带血，重者可引起失血性休克，长期反复鼻出血可导致贫血。

一、幼儿鼻出血的常见原因

（1）幼儿跑动玩耍过程中撞击造成的机械性损伤会引发鼻出血。另外，幼儿若有抠鼻子的不良习惯，则容易抠伤鼻内血管，长期抠鼻子还容易破坏鼻腔内部环境，造成黏膜的慢性炎症，容易出血。

（2）其他原因造成的鼻部炎症也会引起幼儿鼻出血。例如，过敏性鼻炎，还有某些感染引起的炎症都可引起鼻出血。

（3）幼儿鼻腔环境脆弱，恶劣的气候条件如干燥、炎热、寒冷等也容易造成鼻出血。

（4）鼻腔异物也常见于幼儿，初期的鼻腔异物多容易造成机械性损伤，若异物长期存留于鼻腔内，可致鼻腔黏膜糜烂出血。

（5）维生素缺乏也容易引起鼻出血。

（6）全身性疾病如血液疾病或某些急性发热性疾病及传染病等，也可以引起幼儿鼻出血。

二、如何预防鼻出血

（1）在干燥环境下，室内可通过加湿器调节空气湿度，照护者也可用市售的生理盐水或者纯净水每天为幼儿湿润鼻腔。有慢性鼻部炎症的幼儿，家长、教师、保健医生还可以用家用洗鼻器为其清洗鼻腔，缓解鼻腔水肿。

（2）引导幼儿养成合理均衡的膳食习惯，多喝水，多吃蔬菜。

（3）幼儿应科学运动，合理玩耍，避免鼻外伤。

（4）对喜欢抠挖鼻孔的幼儿，应做好合理引导，使其摈弃不良生活习惯。

（5）幼儿应适当锻炼，增强抵抗力，提高免疫力，促进鼻腔环境的平衡。

三、鼻出血程度评估及应急处理

幼儿鼻出血症状、评估判断和应急处理方法如表 5-6-1 所示。

表 5-6-1　幼儿鼻出血症状、评估判断和应急处理方法

幼儿鼻出血症状	评估判断	应急处理方法
鼻腔出血，没有或有较少血液流入咽部	鼻腔前部出血	让幼儿略微向前低头，用大拇指和食指指腹捏住鼻翼出血侧，两侧都有出血则同时按住，压迫 5 ~ 10 分钟直至不再出血。还可以冷敷前额、鼻部以及颈后部，以使鼻腔小血管收缩，减少出血。如果出血仍不止，可以用灭菌脱脂棉球对鼻腔进行填塞，并紧急送医
鼻腔出血，有较多血液流入咽部	鼻腔后部出血	后鼻腔出血较难处理，可让幼儿略微向前低头，用前鼻腔止血的方法，出血量大而无法止住时，需紧急送医

四、止鼻血的注意事项

（1）幼儿鼻出血止血后，2 ～ 3 小时内避免剧烈运动和擤鼻子，以免再次出血。

（2）幼儿鼻出血时不要仰头，以免使血液凝固在喉部或者呛入喉部引起窒息。

（3）教师若没有经过专业培训，不要盲目填塞幼儿鼻腔，以免加重损伤。

五、鼻出血急救误区

（1）仰头。幼儿鼻出血时如果过度仰头，血液可能会通过咽喉进入食道、胃肠道，轻者刺激肠胃导致呕吐；如果出血量多，血液还可能流入气管，引起呼吸困难。

（2）用卫生纸填塞是一种常见的止鼻血方法，但这种方式并不科学。首先是使用纸巾的卫生问题；其次是卫生纸硬塞入鼻腔可能会导致鼻腔黏膜受

5-6-3

到二次损伤，取出时又可能让刚刚形成但还很脆弱的凝血面受到刺激，导致再次出血。如果真的需要填塞鼻腔，建议使用无菌棉球。

▼ 步骤三　牛刀小试

实训活动 小组情景演练

1. 情景演练观摩。指定 6 名学生进行角色模拟，1 人扮演鼻出血幼儿，1 人扮演教师，1 人扮演保育员，1 人扮演保健医生，1 人扮演家长，1 人扮演医院医生。

（1）教师发现一名幼儿鼻出血，幼儿描述鼻出血的症状。教师针对其描述的症状选择冷敷法或者压迫鼻翼法进行处理。

（2）15 分钟后，幼儿鼻出血情况没有得到有效改善。教师和保健医生需要将幼儿送往医院救治，向医生描述幼儿鼻出血发生的时间、症状和已采取的应急措施及效果。

（3）安抚好幼儿情绪，教师通过电话向家长说明幼儿在托幼机构鼻出血的情况及处理的方法。

（4）在情景演练过程中，其余学生观摩并记录。演练结束后，观摩学生指出参与角色扮演的学生做得好的地方和不够好的地方。

2. 小组实训演练。班级其他学生以 7 人为一小组演练以上情景，其中 6 人进行情景演练，1 人观摩记录。小组演练结束后进行组内讨论、总结，然后轮换角色再次演练、总结，并将实训过程记录在表 5-6-2 中。

表 5-6-2　实训活动记录表

小组序号		小组名称		组长	
小组成员及分工					
情景演练观摩要点记录（记录想法、思考等）					
小组实训演练总结（记录步骤、遇到的难题、如何解决、收获等）					

▼ 步骤四　任务实施评价

所有小组均要对本组和其他小组进行讨论评价，并记录在表 5-6-3 中。

表 5-6-3　任务评价表

实训内容	评价要素	建议评价标准
幼儿鼻出血的应急处理	（1）能稳定幼儿的情绪 （2）能判别幼儿鼻出血的状况，确定是在托幼机构内应急处理还是送医救治 （3）能采用正确的措施独立快速处理幼儿鼻出血 （4）知道幼儿自出血后 2 ~ 3 小时内应安静活动并对其保持密切关注 （5）会和家长沟通幼儿鼻出血情况及处理情况 （6）知道在幼儿一日生活中如何预防鼻出血	全部正确（8 ~ 10 分） 4 ~ 5 点正确（6 ~ 8 分） 2 ~ 3 点正确（3 ~ 5 分） 1 点及以下正确（0 ~ 2 分）
自我评价及评分：		
组内评价及评分：		
教师评价及评分：		
综合评分：自我评分（20%）+ 组内评分（30%）+ 教师评分（50%）=		

思考提升

单项选择题：

1. 鼻出血是一种常见症状。当幼儿鼻出血时，可以让幼儿（　　）。

A. 抬头　　B. 低头　　C. 平躺　　D. 侧卧

2. 鼻出血时，幼儿下列做法不利于止血的是（　　）。

A. 冷敷　　B. 安静活动

C. 剧烈运动　　D. 棉球填塞鼻腔

3. 幼儿鼻出血时应该用手指捏住其鼻翼两侧，较适宜的时间为（　　）。

A. 3 ～ 6 分钟　B. 5 ～ 10 分钟

C. 4 ～ 5 分钟　D. 5 ～ 8 分钟

任务七　错服药应急处理方法及预防

任务背景

琪琪妈妈上班之前给奶奶写了一张小纸条，并嘱咐奶奶中午给孩子口服3.5毫升的盐酸丙卡特罗口服溶液。吃完午饭，奶奶到园给琪琪服完药后，就离开了。午睡时，老师发现琪琪脸色发白，没一会儿就开始呕吐了。经与家长联系后得知，原本只能喝3.5毫升的盐酸丙卡特罗口服溶液，奶奶却给琪琪服了35毫升。

同学们，如果你是班级教师，你该如何处理这种情况呢？

任务目标

课前预习

1. 了解幼儿常见错服药物后的症状，掌握正确处理方法。
2. 能按要求规范正确处理幼儿错服药物的情况。
3. 能对幼儿进行错服药物的安全教育。
4. 具有防范幼儿错服药物的安全意识，排除安全隐患，避免幼儿错服药物。

任务准备

准备止咳糖浆、止痒水、眼药水、滴耳液、云南白药、碘伏。

任务实施

步骤一　技能示范

琪琪错服药了，教师应怎么处理呢？

（1）幼儿意识清醒时，让其大量饮水催吐，迅速送医。

（2）幼儿意识不清时，让其呈侧卧位，紧急送医。

（3）幼儿无意识无呼吸，发生心搏骤停时，立即为其进行心肺复苏术，同时拨打120急救电话。（心肺复苏术详见项目五任务十四“溺水应急处理方法及预防”）

5-7-1

▼ 步骤二　知识梳理

幼儿出于好奇而错服药物的情况较多，大多数药物中毒是没有致命危险的。幼儿是否药物中毒、中毒程度如何，取决于错服药的剂量和药的种类。通常错服药物可能影响人体心血管循环或者神经系统。具有治疗心脏疾病功能的药物、安眠药及镇静药都属于此类药物。面对以上情况，教师一定不能过度急救，应立即拨打120急救电话将幼儿送医救治。

一、如何预防幼儿错服药的发生

（1）不能私自给幼儿喂药。

（2）药品放在幼儿无法触及的地方。

（3）不要把药叫作“糖果”。

（4）喂药时教师不要中途离开。

（5）喂药前检查幼儿服药的剂量及药品标签。

（6）随时关注幼儿用药后的行为表现。

二、错服药程度评估及应急处理

幼儿错服药的典型症状、评估判断和应急处理方法如表5-7-1所示。

表5-7-1　幼儿错服药的典型症状、评估判断和应急处理方法

幼儿错服药的典型症状	评估判断	应急处理方法
中毒症状轻微，可自行缓解	轻度	大量饮水后迅速催吐，同时送医
中毒症状持续，无法缓解，并出现器官损伤表现	中度	意识清醒时，可以大量饮水后催吐，并紧急送医； 意识不清时，呈侧卧位迅速送医
出现严重的器官功能障碍，危及生命	重度	有呼吸时，呈侧卧位送医； 若没有呼吸，立即行心肺复苏术，并拨打120急救电话

三、错服药处理的注意事项

（1）安抚幼儿的紧张情绪，引导幼儿自行将药物吐出。教师或家长一旦发现幼儿错服了药物，一定要保持镇定，切莫惊慌失措，指责或打骂都容易令幼儿受惊。若发现药片还在幼儿的口中，就用其平时喜欢吃的东西引导其张嘴，然后乘机取出药片。千万不要硬撬幼儿的嘴，这样只会让其加速将药片吞下，甚至因哭闹而令药片滑入气管引起窒息。若幼儿已经吞下

药物，要尽快明确错服的药物种类、服药时间、误服剂量，以便及时地掌握情况，制定下一步治疗方案，需明确的相关问题如表 5-7-2 所示。

表 5-7-2　尽快明确幼儿错服药物相关问题

药物剂量	一瓶糖浆、一包药还是几颗药？
药物种类	药品的详细名称
幼儿症状	脸色发白、疼痛、呕吐等
服用的时间	已经服用了多久？
幼儿的年龄、体重等	准确地描述幼儿的年龄、体重等

（2）幼儿意识不清时，不应催吐，以免吸入呕吐物造成窒息。

四、错服药处理误区

（1）盲目地对幼儿进行催吐。当幼儿过量服药或者误服毒性强的药物后，催吐是很有必要的。但是对于服用了腐蚀性较强的药物时，切忌对幼儿进行催吐，以免损伤消化道。

（2）对幼儿进行打骂、责怪。发现幼儿错服药物时，照护者对幼儿进行打骂、责怪是不可取的，会加剧幼儿的紧张情绪，容易使幼儿产生哭闹。

▼ 步骤三　牛刀小试

实训活动 案例分析

1. “任务背景”中，琪琪服用了错误的药物剂量。如果你是照护者，你会如何处理这一情况呢？

2. 请就“任务背景”中琪琪奶奶的行为进行分析，并阐述如何杜绝家中老年照护者向幼儿错喂药的情况。

3. 将常见错服药物的处理办法填入表 5-7-3。

表 5-7-3　常见错服药物的处理办法

错服药物	处理办法
维生素 C10 片	
成人止咳糖浆 30 毫升	
止痒水 5 毫升	

▼ 步骤四 任务实施评价

所有小组均要对本组和其他小组进行讨论评价，并记录在表 5-7-4 中。

表 5-7-4 任务实施评价表

实训内容	评价要素	建议评价标准
错服药案例分析	（1）紧扣案例问题，就案例中的问题阐述观点 （2）明确常见错服药的处理办法，能用简洁明了的语言或思维导图进行科学的分析、对比 （3）案例记录客观清晰，讨论和小结时敢于表达自己的观点，提出自己的问题	全部正确（7 ~ 10 分） 2 点正确（4 ~ 6 分） 1 点正确（1 ~ 3 分）
自我评价及评分：		
组内评价及评分：		
教师评价及评分：		
综合评分：自我评分（20%）+ 组内评分（30%）+ 教师评分（50%）=		

◎育婴专栏

照护者给婴儿喂药时，一定看清药品名称、服药剂量。当婴儿错服药时，照护者如发现及时，可根据错服药剂量，让婴儿多喝温开水以催吐和稀释药物，并及时排出服错的药。然后，观察婴儿精神状况、呕吐情况、呼吸顺畅程度来判断婴儿有无器质变化，严重者及时就医。送医前，照护者应该记下错服药剂量、种类、时间，清楚知道婴儿的症状、年龄、体重等，以便及时告知医生。

照护者应预防错服药的发生。要将药品存放妥当，用标签备注，喂药前核对剂量。

思考提升

单项选择题：

1. 幼儿误服药物的正确处理原则是（　　）。

A. 立即就医、迅速排出、减少吸收、及时解毒

B. 大量喝水、迅速排出、减少吸收、及时解毒

C. 立即呼救、大量喝水、及时解毒、对症治疗

D. 迅速排出、减少吸收、及时解毒、对症治疗

2. 对哭闹不休的幼儿，口服给药时应（　　）。

A. 将口服药加入牛奶中喂入

B. 以打针威胁其咽下

C. 捏住双侧鼻孔，在其张口呼吸时将药喂入

D. 将口服药放入幼儿喜爱的食物内，同时哺喂

E. 哭闹暂缓时喂药

3. 幼儿口服铁剂（　　）可引起严重中毒反应。

A. 0.5 克　　B. 1 克　　C. 1.5 克　　D. 2 克

任务八　异物入体应急处理方法及预防

任务背景

小朋友们正在户外分享自己带来的玩具。突然果果跑到张老师身边说："老师老师，龙龙把塑料珠子塞到鼻孔里啦！"张老师立马跑到龙龙的身边，看到龙龙正在使劲抠鼻子，可是怎么也抠不出来。

同学们，如果你是现场的老师，你知道如何处理这种情况吗？

任务目标

1. 了解幼儿异物入体的应急处理方法及预防措施。
2. 能按要求科学规范地对异物入体的幼儿进行及时救助。
3. 将异物入体的安全教育渗透到幼儿一日活动中。
4. 具有防范异物入体的安全意识，排除可能导致异物入体的安全隐患。

课前预习

任务准备

准备玩具娃娃若干、幼儿人体模型若干。

任务实施

▼ 步骤一　技能示范

龙龙将珠子塞到鼻腔里了，作为现场的教师，你该怎么做呢？

（1）安抚幼儿不要紧张，可就近坐下，同时让保育员组织好其他幼儿，视情况决定是否求助托幼机构负责人。需要根据珠子进入鼻腔的深浅度作进一步的处理。

（2）配合保健医生对幼儿的情况进行初步观察、评估判断及应急处理。

①可在托幼机构处理的情况：教师如果发现异物刚刚进入幼儿鼻腔口，可以帮助幼儿压住无异物的鼻孔，让幼儿合嘴后快速擤出来，此时不能太用力，不然容易伤到耳膜。如果异物擤出，没有明显出血和呼吸困难等症状，教师告知家长情况，并留意观察。在鼻腔异物处理中，保育员要仔细

观察，及时取出异物，其中“深吸一口气，用手堵住无异物的鼻腔一侧，用力擤鼻涕，将异物排出”是处理的步骤之一。

②须及时就医的情况：a. 如果鼻腔异物擤不出来或已经进入鼻腔深处，特别是圆形或光滑的异物，切不可擅自用镊子尝试去夹出异物，以免由于镊子的加入将异物越推越深，而应立即送医处理。b. 如果鼻腔异物为尖物刺入，或者异物过大，应立即送医处理。c. 及时向幼儿家长告知幼儿的身体情况以及托幼机构进行的应急处理，如果需要送往医院救治，也告知家长一同前往医院进行陪护。

▼ 步骤二　知识梳理

幼儿在日常生活中进食、玩耍各种物品时，常因受惊吓、跌倒、哭笑、好奇等使异物进入口中、气管中或耳鼻中，此时最关键的措施是在现场即刻将异物排出。因为异物一旦阻塞气道，送医抢救可能时间仓促。教师首先要做的是进行应急处理，让幼儿得到及时救护。当外耳道进入异物时，如果是生物性异物，可采用强光接近幼儿外耳道，或吹入香烟的烟雾将小虫引出来。如果是非生物性异物，可用倾斜头、单脚跳跃的动作将物品震出。

一、如何预防异物入体

（1）托幼机构要为幼儿创建一个安全舒适的环境，随时排查室内外是否存在异物入体的安全隐患。

（2）教师要与家长做好安全工作的沟通，提醒家长检查幼儿的物品包、衣服口袋，不携带零食、玩具到托幼机构。

（3）托幼机构将安全教育渗透到幼儿一日生活中，让幼儿有防范意识。

（4）避免让幼儿接触尖锐的器物，活动场地要挑选昆虫等较少的地方；细小的物品要提醒幼儿小心使用，不使用时放置在幼儿无法触及的地方。

二、异物入体程度评估及应急处理

幼儿异物入体的症状、评估判断和应急处理方法如表 5-8-1 所示。

表 5-8-1　幼儿异物入体的症状、评估判断和应急处理方法

幼儿异物入体的症状	评估判断	应急处理方法
鼻腔堵塞，可伴有出血	鼻异物	擤鼻子

5-8-2

续表

幼儿异物入体的症状	评估判断	应急处理方法
耳道疼痛，可伴有出血和鼓膜损伤	耳异物	用工具取出或就医
眼睛疼痛、无法睁开，流泪，可伴有出血、眼内组织等损伤	眼睛异物	用清水冲洗
口内异物造成梗阻	不完全梗阻及完全梗阻	详见项目五任务十二“窒息应急处理方法及预防”

三、异物入体处理的注意事项

（1）安抚幼儿，稳定其情绪，以免造成进一步损伤。

（2）异物取出后仍需关注幼儿，有继发损伤需要立即就医，以免延误伤情。

（3）幼儿发生异物入体，现场无法顺利处理时，千万不要拖延，应该马上到正规的医疗机构进行专业的救治。

（4）咽喉异物的处理中，最好用镊子取出异物，切不可采用让幼儿大口吞咽的方法，否则会使异物越陷越深。

四、异物入体处理误区

（1）自行用手去抠、去揉。用手抠进入耳鼻的异物容易使异物陷得更深，造成更严重的损伤；眼内异物用手去揉容易造成眼内组织损伤，严重者会损伤角膜造成视力下降，甚至失明。

（2）用力把鼻腔异物吸进嘴里。用力吸鼻腔异物有可能造成异物梗阻。

（3）盲目使用工具。工具使用不当会对幼儿造成继发损伤。

▼ 步骤三　牛刀小试

实训活动 讨论幼儿异物入体的症状、处理方法、安全隐患和预防措施

1. 分组进行讨论。学生分成若干个小组，各小组成员根据日常生活经验，讨论异物入体的各种症状以及处理方法；发现并讨论造成异物入体的安全隐患和消除安全隐患的方法，并将讨论结果记录在表 5-8-2 中。

5-8-3

表 5-8-2　异物入体的症状、处理方法、安全隐患和预防措施

异物入体的症状	异物入体的处理方法	异物入体的安全隐患和预防措施

2. 各组完成表格后，汇总给教师，教师根据收集的信息，总结讨论结果，并进一步详细讲解异物入体的各种症状及处理方法。

▼ 步骤四　任务实施评价

所有小组均要对本组和其他小组进行讨论评价，并记录在表 5-8-3 中。

表 5-8-3　任务实施评价表

实训内容	评价要素	建议评价标准
讨论幼儿异物入体的症状、处理方法、安全隐患和预防措施	（1）紧扣主题，用自己所学的知识并结合自己的观点对各种异物入体的症状进行梳理、讨论 （2）明确异物入体的处理方式，能结合表格内容用简洁明了的语言与同伴、教师进行概括性的讲述 （3）表格记录客观清晰，讨论和小结时敢于表达自己的观点、提出自己的问题	全部正确（7 ~ 10 分） 2 点正确（4 ~ 6 分） 1 点正确（1 ~ 3 分）
自我评价及评分：		
组内评价及评分：		
教师评价及评分：		
综合评分：自我评分（20%）+ 组内评分（30%）+ 教师评分（50%）=		

思考提升

多项选择题：

1. 幼儿误吸了异物，有哪些应急处理要点？（　　）

A. 抢救过程中要观察幼儿面色、呼吸、意识等情况。

B. 呼叫其他人员参与。

C. 快速清除口鼻内异物。

D. 当幼儿意识不清、呼吸和心跳停止时，应立即采取心肺复苏术等抢救措施。

2. 幼儿误吞了异物，教师应如何应急处理？（　　）

A. 阻止幼儿将异物咽下。

B. 将手指伸入幼儿喉咙寻找异物并取出。

C. 用手指按幼儿舌根部使之产生呕吐反射，让异物呕出或使异物滑到口腔前部。

D. 取站立身体前倾位，一手抱住幼儿上腹部，另一手拍背协助异物吐出。

3. 幼儿异物入鼻，教师应该如何处理？（　　）

A. 用手指深入鼻腔挖出。

B. 单侧异物入鼻，按住一侧鼻翼同时让幼儿快速擤鼻子将异物冲出。

C. 自己使用镊子夹出。

D. 如果不能取出，送医救治。

任务九 脱臼应急处理方法及预防

任务背景

乐乐和明明正在玩合作拉圈游戏，突然乐乐放手蹲下，右手牵拉着大哭起来，似乎是手腕脱臼了。

同学们，如果你是班级教师，你会怎样处理乐乐的伤情呢？

任务目标

1. 了解幼儿脱臼的症状、处理方法及预防措施。

2. 能对脱臼进行评估判断并根据不同情况采取相应的急救措施。

3. 对幼儿进行防脱臼的安全教育，帮助幼儿树立相关安全意识。

4. 具有防脱臼的安全意识，在一日生活中避免幼儿脱臼的发生。

课前预习

任务准备

准备冰水、灭菌纱布、毛巾、围巾、绷带。

任务实施

步骤一 技能示范

乐乐手腕是脱臼了吗？为什么？教师该怎么处理呢？

（1）安慰幼儿不要紧张，准备一盆冰水，用灭菌纱布或毛巾冰敷伤处。同时让保育员组织好其他幼儿，并上报托幼机构负责人。

（2）教师或保健医生用绷带或长围巾固定幼儿手臂和手腕，告诉幼儿不要活动手腕（如图 5-9-1 所示）。

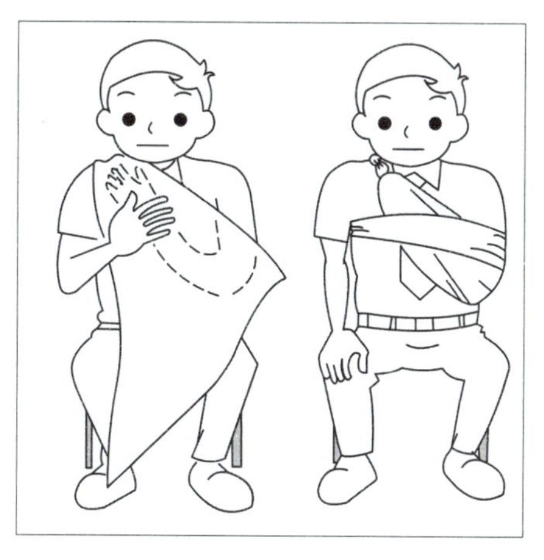

图 5-9-1 脱臼时固定手臂和手腕

（3）托幼机构立即安排专人将幼儿送往附近的医院救治。

▼ 步骤二 知识梳理

幼儿关节的特点是：关节附近的韧带较松，关节窝较浅，在过度牵拉的情况下容易脱臼。幼儿较为常见的脱臼是肘关节半脱臼，其他部位如腕关节、肩关节出现脱位的概率比较小。如果做牵拉前臂动作后出现肘关节疼痛、屈伸活动受限、旋后受限、局部压痛等症状，多是发生了桡骨小头半脱位。幼儿脱臼主要发生在 1 ～ 3 岁，5 岁以后很少再发生。

保育师国家职业技能鉴定考试题库

【选择题】幼儿常见的脱臼是指（　　）。

A. 肩关节半脱臼　　B. 肘关节半脱臼　　C. 肩关节脱臼　　D. 肘关节脱臼

一、如何预防幼儿脱臼

（1）照护者应避免拉拽幼儿手臂、手腕等部位。

（2）加强防脱臼安全教育，教育幼儿在日常活动中减少相互推拉及快跑追逐的行为。

（3）随时检查托幼机构内外环境中的安全隐患，移除容易绊倒幼儿的物品。

二、脱臼程度评估及应急处理

幼儿脱臼的典型症状、评估判断和应急处理方法如表 5-9-1 所示。

表 5-9-1　幼儿脱臼的典型症状、评估判断和应急处理方法

幼儿脱臼的典型症状	评估判断	应急处理方法
可无明显症状，只在做某个动作时出现疼痛，关节不能屈伸活动	单纯脱臼	固定肢体，立即就医
疼痛加剧，关节变形、肿胀、不能活动	脱臼合并骨折	冰敷，固定肢体，立即就医

三、脱臼处理后的注意事项

1. 手肘或手腕脱臼

手肘或手腕脱臼复位后，受伤的手臂马上就可以自由活动，肘部疼痛也会消失。如果不是反复脱臼且受伤不超过 24 小时，也没有并发骨折等损伤，肘关节或腕关节无须用石膏或绷带固定，用三角巾将胳膊悬吊 3 ～ 5

天即可，幼儿恢复期间注意减少一些需用到关节的活动。

2. 肩关节脱臼

幼儿肩关节脱臼的复位稍显复杂，教师应酌情评估伤情，必要时立即送医救治。关节复位后需进行固定，直到关节活动功能完全恢复。

3. 饮食均衡，促进痊愈

教师引导脱臼的幼儿多吃瓜果蔬菜，均衡营养，更有助于脱臼部位恢复。

四、脱臼处理误区

（1）当幼儿发生脱臼时，照护者需注意不要勉强幼儿活动其受伤关节，以免痛感增加或引发二次创伤。

（2）幼儿脱臼的治疗中，尽快复位是关键，复位治疗越及时越好；关节肿胀程度越小，恢复越快，不应抱有侥幸心理等伤处自行痊愈。

（3）虽然关节脱臼可以运用一定手法帮助复位，但不建议教师盲目尝试操作，否则容易导致幼儿疼痛，还可能加重关节损伤，使治疗变得更复杂。

（4）幼儿发生单纯脱臼概率较高，但不意味着不会合并骨折，所以一旦怀疑有脱臼发生，一定要及时就医，不要只是盲目复位，以免延误伤情。

▼ 步骤三　牛刀小试

实训活动 小组情景演练

1. 情景演练观摩。指定 2 名学生进行情景演练，1 人扮演脱臼幼儿，1 人扮演教师。

（1）一名幼儿手肘脱臼了，疼痛难忍，号啕大哭。教师首先安抚幼儿的情绪，可让其玩玩具或与其谈话以分散注意力，从而缓解幼儿的紧张情绪。

（2）教师观察幼儿手肘的情况，冷敷脱臼处；将一条长围巾围成三角状，固定幼儿的手肘部位，告诉幼儿不要活动手肘，等待保健医生到来或者直接送医救治。

（3）在情景演练过程中，其余学生观摩并记录。演练结束后，观摩学生指出参与角色扮演的学生做得好的地方和不够好的地方。

2. 小组实训演练。班级其他学生以 6 人为一小组演练以上情景，其中 2 人进行情景演练，4 人观摩记录。小组演练结束后进行组内讨论、总结，然后轮换角色再次演练、总结，并将实训过程记录在表 5-9-2 中。

5-9-3

表 5-9-2 实训活动记录表

小组序号		小组名称		组长	
小组成员及分工					
情景演练观摩要点记录（记录想法、思考等）					
小组实训演练总结（记录步骤、遇到的难题、如何解决、收获等）					

▼ 步骤四 任务实施评价

所有小组均要对本组和其他小组进行讨论评价，并记录在表 5-9-3 中。

表 5-9-3 任务实施评价表

实训内容	评价要素	建议评价标准
幼儿脱臼的应急处理	（1）紧扣幼儿脱臼，用所学的知识演练正确的处理方式 （2）在与幼儿的互动中，能自然、流畅地介绍如何处理脱臼的相关内容，并传递预防脱臼的重要意义 （3）观摩记录客观清晰，讨论和小结时敢于表达自己的观点、提出自己的问题	全部正确（7 ~ 10 分） 2 点正确（4 ~ 6 分） 1 点正确（1 ~ 3 分）
自我评价及评分：		
组内评价及评分：		
教师评价及评分：		
综合评分：自我评分（20%）+ 组内评分（30%）+ 教师评分（50%）=		

◎育婴专栏

当婴儿发生脱臼时，其因年龄过小而无法表达，照护者要观察婴儿动作行为来判断。要根据脱臼产生的原因，及时找到脱臼部位，先进行关节固定，限制婴儿活动，防止关节部位疼痛加剧。观察婴儿情绪变化，如哭闹厉害，则立即送医；如无法判断时，不要轻易拉扯婴儿，应及时送医。照护者平时应看护好婴儿，照护时动作应轻柔，避免因用力过猛而导致婴儿发生脱臼。

思考提升

思考题：

幼儿脱臼后的表现有哪些？

5-9-4

任务十　烧烫伤应急处理方法及预防

任务背景

凯凯今天入园早，一到教室就被刚倒进桶里的开水烫伤了手臂，疼得哇哇大哭。

同学们，如果你是班级教师，你该如何进行紧急处理？

任务目标

1. 了解不同程度烧烫伤的评估和处理方法。
2. 能应急处理轻度的烧烫伤，协助预处理中重度烧烫伤。
3. 能识别并排除烧烫伤安全隐患。
4. 具有预防幼儿烧烫伤的安全意识。

课前预习

任务准备

准备灭菌纱布、烫伤膏。

任务实施

▼ 步骤一　技能示范

凯凯手臂被烫伤了，教师该怎么做呢？

（1）使幼儿远离热源，同时安抚幼儿。

（2）轻柔地脱掉幼儿的衣服，如衣服和皮肤发生粘连，可用剪刀沿伤口周围将衣服剪开，切不可强行扯下衣物，以免将表皮撕落，加重损伤。

（3）在保健医生协助下评估判断幼儿烫伤程度。

▼ 步骤二　知识梳理

烧烫伤主要指热力、化学物质、电能、放射线等引起的皮肤、黏膜甚至深度组织的损害。对于幼儿来说，高热液体烫伤、火烧伤较为多见。

一、幼儿烧烫伤原因

大多数幼儿的烧烫伤都是由照护者的疏忽造成的，因此，烧烫伤应以预防为主。照护者应时刻保管好热源，让幼儿远离热源。

二、托幼机构烧烫伤的预防

（1）开水烫伤在幼儿烧烫伤中较为常见，由于成人将开水壶或盛有开水的水杯放置不当，被幼儿意外打翻导致烫伤。所以托幼机构的开水、热菜、热粥、热汤及其容器应放在幼儿不易接触的地方，更不能放在桌子边缘。

（2）铺有桌布的桌子也应该特别注意，若幼儿拉扯桌布，也可能将热源打翻发生烫伤。

（3）给幼儿准备的水和汤等应该冷却到适合的温度再给予幼儿，避免发生意外。

（4）托幼机构禁用电热毯、电暖气、“暖宝宝”等，确需使用取暖设施时，必须做好安全防护工作。

（5）注意用电安全，谨防幼儿触电，触电亦会引起幼儿电烧伤。

（6）让幼儿远离强酸、强碱等化学药品，避免幼儿因触碰或误食引起强酸强碱烧伤。

三、烧烫伤程度评估及应急处理

幼儿烧烫伤典型症状、评估判断和应急处理方法如表 5-10-1 所示。

表 5-10-1　幼儿烧烫伤典型症状、评估判断和应急处理方法

幼儿烧烫伤典型症状	评估判断	应急处理方法
局部红斑，干燥无水疱，有烧灼性疼痛	一度烧伤	1. 远离热源，安抚幼儿 2. 用冷水冲淋或浸泡伤处至没有明显疼痛 3. 脱去（或剪开）衣物 4. 到保健医生处涂烫伤膏 5. 联系家长
有水疱，水疱基底潮红，疼痛明显； 有水疱，水疱基底红白相间，痛觉迟钝	浅二度烧伤 深二度烧伤	1. 远离热源，安抚幼儿 2. 立即用冷水冲淋伤处，剪开衣物，在伤处水肿之前褪去手环、项链等装饰品，如果烧烫伤面积较大，无法保证操作不损伤皮肤时，则需用灭菌湿纱布敷盖伤口并立即送医 3. 通知保健医生，伤处面积较大者需要拨打 120 急救电话 4. 联系家长

5-10-2

续表

幼儿烧烫伤典型症状	评估判断	应急处理方法
创面无水疱，创面呈苍白色或焦痂状，甚至炭化，痛觉消失，局部温度低，有树枝状的栓塞血管网	三度烧伤	1. 远离热源，安抚幼儿 2. 通知保健医生并拨打 120 急救电话 3. 立即用灭菌湿纱布敷盖伤口并送医救治，注意保暖 4. 联系家长

四、烧烫伤处理的注意事项

（1）三度以下烧伤第一时间用冷水冲淋或浸泡，正确解除伤处的装饰品及衣物鞋袜，切忌用力撕扯伤处衣物。在不需紧急送医的情况下，伤口的冲淋或浸泡时间没有明确限制，直至没有明显疼痛为止。

（2）如受伤面积大，解除高温环境后，不能持续用冷水冲淋，否则可能导致幼儿体温过低，应立即用灭菌湿纱布敷盖创面并送医院救治，必要时拨打 120 急救电话。

（3）切忌在幼儿伤处胡乱涂抹牙膏、酱油等，使用药物需遵医嘱。

（4）小水疱不需挑破，大水疱需到医院进行处理，自行挑破水疱有感染风险，更不要自行撕掉水疱皮，会增加感染风险并延长愈合时间。

（5）如遇到幼儿手环等卡在伤处等情况，还需拨打 119 消防电话进行处理。

▼ 步骤三　牛刀小试

实训活动 讨论托幼机构中的烧烫伤安全隐患与预防措施

找出托幼机构中存在的烧烫伤安全隐患，提出解决办法，并汇总在表 5–10–2 中。

表 5–10–2　实训活动记录表

小组序号		小组人员	
托幼机构中存在的烧烫伤安全隐患	什么情况下可能对幼儿造成伤害		预防措施

▼ 步骤四　任务实施评价

所有小组均要对本组和其他小组进行讨论评价，并记录在表 5-10-3 中。

表 5-10-3　任务实施评价表

实训内容	评价要素	建议评价标准
讨论托幼机构中的烧烫伤安全隐患与预防措施	能找出托幼机构中存在的烧烫伤安全隐患，并提出解决办法	找出安全隐患并提出合理可行的解决办法（10 分） 能找出安全隐患但未提出解决办法（5 分） 有隐患未找出（0 分）
自我评价及评分：		
组内评价及评分：		
教师评价及评分：		
综合评分：自我评分（20%）+ 组内评分（30%）+ 教师评分（50%）=		

◎育婴专栏

照护者应为婴儿提供安全的生活环境，随时关注婴儿爬行范围，尽量避免婴儿接触热源。进餐时避免婴儿接触成人餐具；喂水、喂奶时，注意温度，以防婴儿烫伤。如果婴儿被烫伤，照护者要轻柔、快速地用剪刀剪开伤处衣物，及时处理伤处，若伤情严重应及时送医。切忌直接脱下伤处衣物，以免造成二次伤害。

思考提升

判断题：

1. 大面积烫伤之后，应迅速脱下贴身衣物，用自来水冲淋伤处。（　　）

2. 局部轻度烫伤之后，用自来水持续冲淋伤处 10 分钟以上，冲淋时注意水流不宜过大，以免加重皮肤损伤。（　　）

3. 降温时不可使用冰水或冰块，以免加重伤情。（　　）

任务十一　骨折应急处理方法及预防（选学）

课前预习

任务十一内容

任务十二　窒息应急处理方法及预防（选学）

课前预习

任务十二内容

任务十三　高空坠落应急处理方法及预防（选学）

课前预习

任务十三内容

任务十四　溺水应急处理方法及预防（选学）

课前预习

任务十四内容

本书各项目思维导图

本书思考提升参考答案

参考文献

【1】曹冬. 幼儿园安全管理与教育[M]. 北京：北京师范大学出版社，2015.

【2】陈楚彬. 当前幼儿园体育活动中存在的安全隐患及其预防[J]. 教育导刊（下半月），2014（4）: 37–41.

【3】陈景惠，白萍. 家庭应急百科现场急救指南[M]. 天津：天津科技翻译出版公司，2005.

【4】陈乐乐，吕静. 法学视角下幼儿园安全事故管理归责与方案探究[J]. 江苏幼儿教育，2018（4）: 81–84.

【5】陈群. 幼儿园危机管理实务[M]. 北京：中国轻工业出版社，2009.

【6】戴淑凤. 学前儿童常见病与意外伤害应急处理速查手册[M]. 北京：教育科学出版社，2019.

【7】董双红. 构建科学规范的幼儿园突发事件应急预案的实践研究[J]. 福建教育，2020（3）: 20–22.

【8】郭凤琴. 以安全掌舵　让健康航行——幼儿园户外体育活动安全组织之我见[J]. 黑河教育，2016（12）: 12–13.

【9】胡亚丰. 组织幼儿园大型活动安全“六字诀”[J]. 早期教育（教育教学版），2018（4）: 33.

【10】贾大成. 儿童意外伤害的防范与现场急救[M]. 北京：中国工人出版社，2020.

【11】劳凯声. 中国教育法制评论（第3辑）[M]. 北京：教育科学出版社，2004.

【12】李怀伦. 浅析电流频率对人体电击伤害的影响[J]. 现代物理知识，2004（5）: 36–37.

【13】刘花艳. 小儿鼻腔进了异物怎么办[J]. 健康博览，2013（10）: 32.

【14】刘文英. 幼儿园安全教育常识[M]. 保定：河北大学出版社，2012.

【15】柳倩，周念丽，张晔. 学前儿童健康学习与发展核心经验[M]. 南京：南京师范大学出版社，2016.

【16】龙海云，李杰飞，岳新宇，等. 我国幼儿园地震安全教育研究及思考——写在5·12汶川大地震七周年之际[J]. 城市与减灾，2015（3）: 20–25.

【17】茅锐. 有关婴幼儿暴力问题的思考[J]. 青少年犯罪问题，2004（2）: 35.

【18】庞丽娟. 制定学前教育法保障学前教育刻不容缓[J]. 民主，2002（4）: 30–31.

【19】人力资源和社会保障部教材办公室. 1+X职业技能鉴定考核指导手册（保育员）（四级）[M]. 上海：中国劳动社会保障出版社，2011.

【20】谢尔弗. 美国儿科学会育儿百科[M]. 北京：科学技术出版社，2012.

【21】陶金玲，许映建. 幼儿园班级安全管理[M]. 北京：中国轻工业出版社，2014.

【22】霍格，布劳. 实用程序育儿法[M]. 北京：京华出版社，2000.

【23】田雨平，刘郡. 安全事故与法律责任问答[M]. 北京：中国电力出版社，2003.

【24】汪方，刘小路. 应急救护手册[M]. 上海：科学技术出版社，2019.

【25】王雁，黄英. 学前卫生学[M]. 海口：南海出版社，2010.

【26】王中州. 实用食物中毒防治[M]. 郑州：河南科学技术出版社，2009.

【27】西尔斯. 西尔斯亲密育儿百科[M]. 海口：南海出版社，2019.

【28】辛小勇. 幼儿园户外平衡游戏类型探究[J]. 教育导刊（下半月），2016（7）：73-75.

【29】里贝克. 儿童急救应急指南[M]. 北京：求真出版社，2013.

【30】杨明. 学前儿童急症救助与突发事件应对（微课版）[M]. 上海：华东师范大学出版社，2020.

【31】殷媛媛. 暴力事件防治的婴幼儿教育视角探讨——基于儿童哲学理论[J]. 宁波教育学院学报，2019，21（6）：108.

【32】岳杰. 浅谈几种野外急救的方法[J]. 基层医学论坛，2012，16（10）：1319-1320.

【33】张春炬，李芳. 幼儿园安全管理策略[M]. 北京：中国轻工业出版社，2017.

【34】张峰，韩蓝波，陈放，等. 基于数字预案的应急处置流程构造方法[J]. 计算机集成制造系统，2013，19（8）：1802-1809.

【35】张旺. 美国校园暴力：现状、成因及对策[J]. 青年研究，2002（11）：44-49.

【36】张振利. 钻探事故的应急处理方法[J]. 黑龙江交通科技，2011，34（8）：171.

【37】中国红十字总会. 救护员[M]. 北京：人民卫生出版社，2015.

【38】左志宏. 幼儿园班级管理[M]. 上海：华东师范大学出版社，2016.